a real arresting self-defense technique

실전 체포 호신술

황용의, 임성진, 박성배, 김한중, 정균근
공저

|대경북스|

실전 체포 호신술

1판 1쇄 인쇄 2025년 1월 20일
1판 1쇄 발행 2025년 1월 25일

발행인 김영대
편집디자인 임나영
펴낸 곳 대경북스
등록번호 제 1-1003호
주소 서울시 강동구 천중로42길 45(길동 379-15) 2F
전화 (02)485-1988, 485-2586~87
팩스 (02)485-1488
홈페이지 http://www.dkbooks.co.kr
e-mail dkbooks@chol.com

ISBN 979-11-7168-075-7   93690

※ 이 책은 저작권법에 따라 보호받는 저작물이므로 무단전재와 무단복제를 금지하며,
   이 책 내용의 전부 또는 일부를 이용하려면 반드시 저작권자와 대경북스의 서면 동의를 받아야 합니다.

※ 잘못된 책은 구입하신 서점에서 바꾸어 드립니다.

※ 책값은 뒤표지에 있습니다.

저자소개

저자 **황용의**

경희대학교 체육학 석사
용인대학교 무도체육학 박사

전 | 한국청소년폭력예방협회 서울특별시 회장
　　전남과학대학교 경호보안과 객원교수
　　경기대학교 평생교육원 합기도 주임교수
　　한양대학교 사회교육원 경찰행정학과 교수
　　한국화랑도협회 사무총장
　　민주평화통일자문회의 영등포구협의회 부회장

현 | 사단법인 한국화랑청소년육성회 서울지부장
　　사단법인 흑추관협회 서울특별시 회장
　　사단법인 대한합기도총협회 회장
　　한국체육학회 정회원
　　한국스포츠산업학회 정회원
　　대한무도학회 부회장
　　한양대학교 미래인재교육원 체육학 경호비서학과 교수

상훈 | 대통령상 수상(제3612호)
　　　문화체육관광부장관표창장 수상(제2000-1531호)
　　　문화체육관광부장관상 수상(제2013-387호)
　　　국회부의장상 수상(제200402호)
　　　청소년단체협의회장상 수상(제97049호)
　　　국가청소년위원회 위원장상 수상(제2006-55호)
　　　대한민국 합기도 무예대회 최우수 지도자상(제06-0003호)
　　　한국화랑청소년육성회 회장상(전국최우수지도자상)제98-85호
　　　제1회 21세기 전국청소년문화대동제(대상) 제2115호
　　　전국합기도무예대회(대상)제2001-01호
　　　국무총리기국민생활체육 전국합기도대회단체1위(제06-2408호)

논문 | 합기도시범단 활용을 통한 도장 재등록 선택요인에 관한 연구.
　　　무도(武道)도장의 마케팅커뮤니케이션, 브랜드증거, 고객신뢰 그리고 충성도의 관계.

저서 | 체포 호신술 바이블(2023. 대경북스)

저자소개

저자 임성진

- 네이버 교육인 인물등록
- 국민대학교 외래교수
- 대림대학교 자문교수
- 무예신문 지역발전위원회 사무국장
- 시사포스트청소년보호책임자
- 용인대학교(체육학사)
- 용인대학교 교육대학원(교육학석사)
- 한세대학교 일반대학원(경찰학박사)
- 한국경찰복지연구학회 이사
- 한국자치경찰연구학회 이사
- 한국자치경찰학회 이사
- 서울대학교스포츠리더십 최고위과정 1기합격

전 | 중앙아시아 태권도연맹 국제교류위원회 부위원장, 대한이종격투기협회 총무위원장, 대한체육회 산하 수원시우슈쿵푸협회 감독, 대한우슈쿵푸협회 홍보위원, 경기도우슈쿵푸협회 사무차장, 한세대학교 경찰학박사과정 부회장 위촉, 용인대학교 태권도경기도동문회 사무차장, 대통령상 대회조직위원회 의전위원장

현 | 대통령상 대회조직위원회 시상위원장, 무예신문 지역발전위원회 사무국장, 시사포스트전국시도본부장회 사무국장, 시사포스트청소년보호책임자, 대한체육회 산하 오산시체육회 우슈감독, 대한체육회 산하 경찰경호무술학교 킥복싱감독, 대한체육회 산하 용인대투혼정심관 우슈감독, 대한합기도연맹 시상위원장, 태권도과학연구소 수석연구원, 국술(종합무술)원 경기도본부장, 대한적십자사 응급처치법강사, 대한특공무술연맹 홍보위원장, 무예신문기자.

상훈 | 2023 올해를 빛낸 한국인대상(제2023-037호), 대한체육회장표창장(제2019-3765호), 한국화랑도협회 훈장증(제 훈장-금장-20호), 자랑스런 지도자대상수상(제17-09-07호), 국무총리 표창장수상(2016-53), 국회의원상 수상(제2019-0235), 평택시장상 수상(제2016-182호), 오산시장상 수상(제54호)

논문 및 저서 |
경찰고등학교 설립을 위한 타당성 탐색 및 신설방안 - 한세대학교 일반대학원 박사학위논문(2022)
종합격투기 동호인들의 참여 경험에 관한 내러티브 탐구 - 용인대학교 교육대학원 석사학위논문(2019)
종합격투기 동호인들의 참여경험에 관한 내러티브 탐구(KCI등재)-중앙대학교 학교체육연구소(제8권, 3호)
자치경찰제도 분석(기고문)-한국자치경찰연구학회(제1권, 제1호)
생활속 범죄예방강의와 실용호신술3-학교폭력편(2021, 대경북스)-네이버북 주간 베스트셀러 선정.
체포호신술 바이블(2023, 대경북스)-경찰대학김구도서관(소장).

자격증 |
프로복싱 8단, 합기도 7단, 특전무술 7단, 특공무술 7단, 무에타이 7단, 종합격투기 7단, 용무도 6단, 화랑도 6단, 태권도 6단, 경찰무도 6단, 킥복싱 6단, 국술 5단, 삼보 4단, 우슈 4단, 유도 2단, 무예신문기자증, 국제한의사자격, 대한적십자사 응급처치강사, 호신체포술지도자, 경찰3단봉술지도자, 정교사자격, 경찰체포술지도자.

저자소개

저자 **박성배**

용인대학교 무도체육학 박사
숭실대학교 안전융합공학 박사

현 | 안양대학교 교수
　　　안양대학교 스포츠단 단장
　　　대한체육회 전국종합체육대회위원회 위원
　　　대한체육회 연구용역심의위원회 위원
　　　서울특별시체육회 이사
　　　서울특별시체육회 스포츠안전위원회 위원
　　　서울특별시유도회 총무이사
　　　서울특별시 금천구유도회 회장
　　　경기도체육회 인사위원회 위원장
　　　인천광역시 스포츠공정위원회 위원
　　　경기도 민관협치위원회 문화체육관광분과 위원장
　　　경기도교육청 지방보조금관리위원회 위원
　　　경기도 군포의왕교육지원청 인사위원회 위원
　　　경기도 화성FC 민관합동프로추진위원회 정책분과 위원
　　　스포츠안전재단 전문강사
　　　대한적십자사 강사/전)인천지사 북부응급처치강사회 회장
　　　서울특별시 인재개발원 초빙교수
　　　한국체육학회 상임이사(연구이사)
　　　한국체육학회 스포츠안전위원회 위원장
　　　한국체육정책학회 상임이사(조직/재정)
　　　한국스포츠인류학회 상임이사
　　　한국코칭능력개발원 이사
　　　한국올림픽성화회 이사
　　　대한무도학회 정회원

상훈 | 부총리 겸 교육부장관 표창(국가교육과정유공)
　　　　대한체육회 체육상(연구부문)
　　　　금천구생활체육회장 표창패(체육유공)
　　　　서울특별시유도회장 공로패
　　　　스포츠안전재단 최우수강사(강의부문)
　　　　대한적십자사 회장 표창(안전사업유공)
　　　　대한적십자사 인천지사 회장 표창(안전사업유공)
　　　　용인대학교 공로상

저자소개

저자 **김한중**

동국대학교 일반대학원 법학과 졸업(법학박사)
연세대학교 법무대학원 졸업(법학석사)
연세대학교 법무대학원 제26대 총원우회 사무총장
연세대학교 법무대학원장 공로패 수상(2012년)
연세대학교 대학원연합회 운영위원(2011년)
연세대학교 대학원연합회 제15대 상임운영위원

김천대학교 경찰행정학과 경북청년사회서비스사업단 자문(데이트폭력 예방 영상 제작)(2021년)
김천대학교 경찰행정학과 특강 등 출강
제3회 경북대학교·계명대학교 인권센터 공동세미나(데이트폭력 관련) 초청 토론자(2023년)
서울강서경찰서 신임경찰관 물리력 대응 교육 강사(2021년)

현 | 서울강서경찰서 근무중, 법무부 산하 (사)한국법무보호복지학회 이사, 법무부 법무보호위원, 한국법정책학회 정회원, 한국경찰법학회 정회원

전 | 서울강서경찰서 물리력 대응 교관, 경비보안교육원 교수, 경찰공무원채용·승진·경찰대 입학 시험 감독관 역임

상훈 | 2023. 12.31. 서울경찰청 기동본부장 표창 수상
2020. 12.31. 서울지방경찰청장 표창 수상
2019. 10.21. 제74주년 경찰의 날 경찰청장 표창 수상
2016. 10.21 제71주년 경찰의날 서울강서경찰서장 표창수상
2014. 9.2 마약류투약자 검거 강서경찰서장 표창수상
2013. 10.21 제68주년 경찰의날 서울지방경찰청장 표창수상
2013. 8.30 살인사건 피의자검거 강서경찰서장 표창수상 등 외 다수

논문 | "데이트폭력범죄에 관한 연구 -치안 현장의 경험에 기초하여-", 동국대학교 대학원 박사학위 논문, 2021.
"데이트폭력의 실태와 그 대책방안-일선 경찰관의 관점에서", 「법과 정책연구」 제19권 제2호(통권 제54호), 한국법정책학회, 2019.
"정신질환자에 의한 '묻지마범죄'의 실태와 대책방안-정신건강복지법상 입원제도를 중심으로, 일선경찰관의 관점에서", 「법과 정책연구」 제19권 제4호(통권 제56호), 한국법정책학회, 2019.

저서 |

데이트폭력범죄의 해부(2024. 7.4 도서출판 그린) e북 출간, 리디(주)
체포·호신술 바이블(2023.3.15, 대경북스)
데이트폭력범죄의 해부(2021. 4.16, 도서출판 그린)
생활속 범죄예방강의와 실용호신술(2015.7.6, 대경북스)
생활속 범죄예방강의와 실용호신술2(2016.7.11., 대경북스)
생활속 범죄예방강의와 실용호신술3-학교폭력 편(2021. 9.10, 대경북스)
※ 네이버북 주간 베스트셀러 선정

언론보도 |

정신의학신문, "묻지마 범죄와 정신질환, 서로를 보듬는 마음이 필요할 때" : https://www.psychiatricnews.net/news/articleView.html?idxno=34704(2023.9.4.)
오마이뉴스, " 완전 망가뜨린다"... 경찰서 나온 그 남자는 불산을 뿌렸다" : https://www.ohmynews.com/NWS_Web/Event/Premium/at_pg.aspx?CNTN_CD=A0002674991&CMPT_CD=P0010&utm_source=naver&utm_medium=newsearch&utm_campaign=naver_news(2020.11.13.)
오마이뉴스, "교제폭력 해결 위해 권인숙과 국회의원 9명 나섰다... 법안 발의" : https://www.ohmynews.com/NWS_Web/View/at_pg.aspx?CNTN_CD=A0002709254&CMPT_CD=P0010&utm_source=naver&utm_medium=newsearch&utm_campaign=naver_news(21.1.13)
제3회 경북대학교·계명대학교 인권센터 세미나「우리 사회 데이트폭력 문제의 심각성과 대응방안」경북대학교 인권센터
Youtube · 2023.11.24
데일리한국, " 김천대 경찰소방학과, 경·학 실습 인정제 시범 운용" : https://daily.hankooki.com/news/articleView.html?idxno=839813(2022.6.22.)
베리타스알파, "김천대 경찰소방학과, 경/학 실습 인정제(특강 및 경찰서 견학) 시범 운용" : https://www.veritas-a.com/news/articleView.html?idxno=419823(2022.6.24.)
베리타스알파, " 김천대 경찰소방학과 '2022년 취창업프로그램 명사 초청 특강' 진행" : https://www.veritas-a.com/news/articleView.html?idxno=418939(2022.6.17.)
충남일보, "이명수 의원,실종아동등의 보호 및 지원 법률 개정 간담회 개최" : https://www.chungnamilbo.co.kr/news/articleView.html?idxno=605631(2021. 6.3)
디트NEWS24" 이명수 "실종 성인 법률적 공백 메울 것" : https://www.dtnews24.com/news/articleView.html?idxno=706570(2021. 6.3) 외 다수

저자소개

저자 **정균근**

용인대학교 무도대학 졸업(체육학 학사)
호원대학교 졸업(관광학사/사회복지학사)
용인대학교 교육대학원 졸업(교육학 석사)
선문대학교 일반대학원 졸업(체육학 박사)

현 | 호원대학교 교수
　　용인대학교 무도대학 무도학과 출강
　　용인대학교 평생교육원 체육학 전공 출강
　　서울경찰청 무도연구 지도관
　　K-경찰삼단봉 협회 부총재
　　충주시 무예연합회 자문교수
　　신임경비교육원 체포호신술 담당교수
　　대한무도학회 이사
　　대한용무도협회 연구위원장
　　한국·미얀마친선협회사무국장(외교통상부)
　　아시아체육교류연맹 위원장

자격 | 체육 2급 정교사, 사회복지사 2급, 평생교육사 2급, 건강 가정사, 직업능력개발훈련교사(스포츠 3급), 생활스포츠지도사 2급(종목 : 보디빌딩, 복싱, 태권도, 유도, 합기도), 유소년 생활 스포츠 지도사 2급(태권도), 장애인 생활 스포츠 지도사 2급(유도), 노인 생활 스포츠 지도사 2급(합기도)

저 서 | 생활속 범죄예방 강의와 실용호신술 1, 2, 3편(대경북스) 공저자, 체포·호신술 바이블(대경북스) 공저자

학위논문 | 현상학적 접근을 통한 용무도 수련자의 몰입경험에 관한 분석(석사), 8주간의 용무도 운동이 비만 고등학생들의 대사증후군 관련 인자, 인슐린저항성 및 혈중 비스파틴에 미치는 영향(박사)

학회지 논문 | 좌업 시간과 알코올 섭취가 30대 남자 사무직 근로자의 혈압과 혈관탄성에 미치는 영향(운동생리학회지), 전산직 근로자의 음주 및 운동습관이 대사증후군 위험인자 및 인슐린 저항성에 미치는 영향(운동생리학회지)

상훈 | 용인대학교 총장 표창
　　경찰청장 감사장
　　서울경찰청장 감사장

들어가는 글

사람들이 사회를 이루고 살아가는데 가장 소중하게 생각하는 것은

'삶의 안전성'

일 것이다.

최근 언론매체를 보면 인간의 상식에서 벗어나는 범죄들이 일어나고 있습니다. 예를 들면 진검으로 사람을 살인하고, 사람들이 다니는 한복판에서 묻지 마 살인을 하는 경우가 종종 나오고 있습니다.

그만큼 지금의 사회는 국가기관이 한 개인을 지켜주지 못하는 상황이 만들어지고 있습니다. 사회가 안정되고 한 개인이 행복한 삶을 꿈꾸기 위해선 자신을 보호하는 호신 기법을 꼭 알아야 할 것이라 여겨 법학과 체육학(무도 전문)박사 5명이 모여 〈실전 체포·호신술〉이라는 제목으로 저서를 내놓게 되었습니다.

이 책의 큰 특징은 자신의 분야에 박사 자격을 갖춘 전문가들이 그동안 교육기관에서 실전 체포호신술 교육의 경험을 기반으로 가장 실용적으로 범법자를 제압하는 핵심 기술을 여러 차례 회의와 대학교수 및 전문가들을 본 책의 자문위원으로 초빙하여 수차례에 걸친 자문과 연구자료 그리고 수업의 경험을 토대로 현장에서 가장 실용적으로 사용할 수 있는 실전 체포·호신술을 집필하였음을 소개해 드립니다.

이 책은 체포 관련 법률 등 이론 편과 실기 편을 나누어 체계적으로 서술·편집하였으며 초점이 필요한 동작 부분은 확대 편집하여 독자들의 이해를 도우려고 노력하였습니다.

또한, 일상에서 필요한 응급처치, 건강체조를 마지막 부분에 서술하여 이 책은 나 자신도 지키고 타인도 지킬 수 있는 책이라 소개합니다.

이 책을 통해 개인의 안전을 도모하고, 사회의 안녕과 질서에 조그마한 도움이 되기를 희망하며, 우리 사회의 안전과 건강·행복이 함께하길 소망합니다.

또한, 이 책이 나오기까지 도와주신 용인대 김창우 교수님, 전 대전경찰청 정용근 청장님과 이상빈 박사님, 호원대학교 주옥인 교수님, 대경북스의 김영대 대표님과 편집부·디자인부서의 직원분들의 노고에 진심으로 감사드립니다.

2025년 1월

공저자 황용의, 임성진, 박성배, 김찬중, 정균근 일동

차 례

Part 1. 체포 관련 법률 및 정당방위

section 1. 체포 관련 법률 16
체포영장에 의한 체포 16
- » 제도의 취지 16
- » 체포의 요건 17

긴급체포 17
- » 제도의 취지 17
- » 긴급체포의 요건 17

현행범인 체포 18
- » 제도의 취지 18
- » 요건 20
- » 절차 21

서 설 23
- » 의의 23
- » 성질 23

section 2. 정당방위 23
정당방위의 성립요건 24
- » 자기 또는 타인의 법익에 대한 현재의 부당한 침해(객관적 정당방위 상황) ... 24
- » 방위하기 위한 행위 29
- » 상당한 이유 29

과잉방위 30

Part 2 실전 체포 호신술

- section 1. 낙법 ········ 34
- section 2. 막기 ········ 40
- section 3. 보 이동 ········ 47
- section 4. 잡혔을 때 빠져나오는 방법 ········ 55
- section 5. 발차기 ········ 66
- section 6. 상대가 잡았을 때 ········ 72
- section 7. 상대가 주먹으로 공격 시 ········ 86
- section 8. 발로 공격 시 ········ 92
- section 9. 상대가 목을 조르거나 안았을 때 ········ 96
- section 10. 상대가 칼로 공격 시 ········ 102
- section 11. 단봉을 이용한 제압술 ········ 108
- section 12. 무기로 공격할 때 제압술 ········ 120
- section 13. 무도기술 기본기 ········ 137

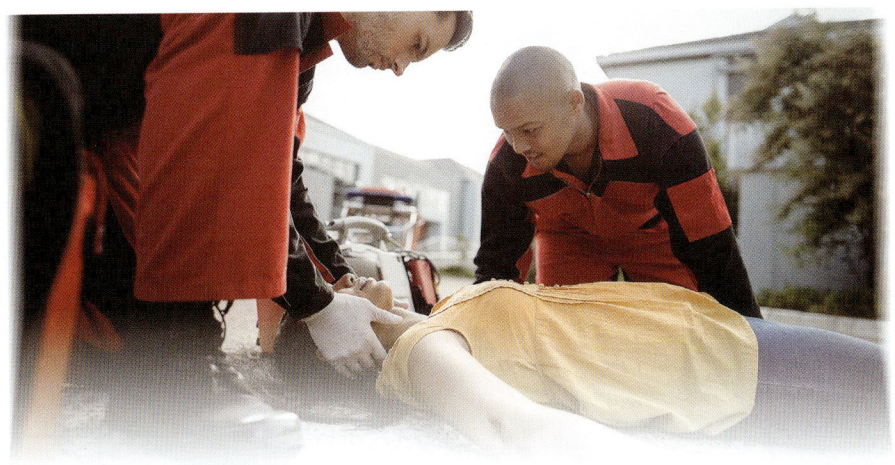

응급상황 부록

section 1. 심정지와 심장발작 ···································· 178
　성인 심폐소생술 ···································· 179
　소아의 심폐소생술 ···································· 181
　영아의 심폐소생술 ···································· 183

section 2. 기도폐쇄 ···································· 184
　성인과 소아의 기도폐쇄 ···································· 184
　영아의 기도폐쇄 ···································· 185

section 3. 상처 ···································· 186
　지혈 ···································· 186

section 4. 응급상황별 처치 ···································· 188
　중독 ···································· 188
　뱀에게 물렸을 때 ···································· 188
　벌에게 쏘였을 때 ···································· 189

section 5. 스트레칭 ···································· 190

section 1.

체포 관련 법률

경찰, 경비원, 경호원 등이 현장에서 사람을 체포할 경우 반드시 법적 근거를 기반으로 해야 한다.

체포란 헌법상 보장된 사람의 신체의 자유를 직접적으로 구속하는 행위로서 대상자의 신체의 자유를 박탈하는 경우이다. 이런 이유로 체포자는 법적근거를 가지고 상황에 맞는 물리력 행사를 해야 나중에 불법체포 등 시비를 사전에 차단할 수 있으며, 또한 체포자는 법적 근거를 알아야 소극 대응 등의 비난을 피할 수 있을 것이다.

형사소송법에 범죄의 혐의가 있는 사람에 대한 체포 관련 규정으로 세가지가 규정되어 있다.

체포영장에 의한 체포, 영장주의의 예외 규정인 긴급체포, 현행범인 체포 세가지가 규정되어 있으나, 체포 관련하여 경비원의 일선 실무현장에서는 영장에 의한 체포가 아닌, 현행성이 있는 현행범인 체포가 대부분이므로 이에 본 저서에서는 체포관련 법률에서는 현행범인 체포 관련 규정을 중심으로 설명하고자 한다.

체포영장에 의한 체포

제도의 취지

임의동행·보호실유치와 같은 탈법적 수사관행을 근절하고, 불필요한 구속을 억제하기 위하여 인정되었다.

체포의 요건

범죄혐의의 상당성

피의자가 죄를 범하였다고 의심할 만한 상당한 이유가 있어야 한다(형소법 200조의2 제1항). 이 혐의는 객관적인 혐의로서 무죄의 추정을 깨뜨릴 수 있을 정도의 유죄판결에 대한 고도의 개연성 내지 충분한 범죄혐의를 말한다.

체포의 사유

피의자가 수사기관의 출석요구에 응하지 아니하거나 응하지 아니할 우려가 있어야 한다(제200조의 2 제1항). 다만, 다액 50만원 이하의 벌금, 구류 또는 과료에 해당하는 경미사건에 관하여는 피의자가 일정한 주거가 없는 경우 또는 정당한 이유없이 출석요구에 응하지 아니한 경우에 한하여 체포할수 있다.

긴급체포

제도의 취지

영장주의의 원칙을 고수함으로써 중대 범인을 놓치는 것을 방지하는 데 목적이 있다.

긴급체포의 요건

범인의 중대성

피의자가 사형·무기 또는 장기 3년 이상의 징역이나 금고에 해당하는 죄를 범하였다고 의심할 만한 상당한 이유가 있어야 한다(제200조의3 제1항). 본조의 형은 법정형을 의미한다.

긴급체포의 필요성

증거를 인멸할 염려가 있거나 피의자가 도망 또는 도망할 우려가 있어야 한다.

긴급성

피의자를 우연히 발견한 경우 등과 같이 체포영장이나 구속영장을 받기 위해 시간을 지체하면 체포·구속이 불가능하게 되거나 현저히 곤란해지는 긴박한 상황이어야 한다.

현행범인 체포

제도의 취지

현행범인인 경우에는 체포가 긴급하고, 범인이 명백하고 죄증이 뚜렷하므로 부당구속의 염려가 없다는 점에서 영장주의의 예외를 인정한 것이다.

현행범인

현행범인은 범죄의 실행중이거나 실행 직후인 자를 말한다(제211조 제1항). 범죄의 실행 중이란 범죄의 실행에 착수하여 종료하지 못한 상태를 말한다. 또한 예비·음모가 가벌적이면 예비·음모가 실행행위가 된다.

범죄의 실행 직후란 범죄의 실행행위를 종료한 직후를 말하며, 시간적 접착성과 장소적 접착성도 요건으로 한다.

관련판례

가. 교사가 교장실에 들어가 약 5분 동안 식칼을 휘두르며 교장을 협박하는 등의 소란을 피운 후 40분 정도가 지나 경찰관들이 출동하여 교장실이 아닌 서무실에서 그를 연행하려 하자 그가 구속영장 제시를 요구하면서 동행을 거부하였다면, 체포 당시 서무실에 앉아 있던 위 교사가 방금 범죄를 실행한 범인이라는 죄증이 경찰관들에게 명백히 인식될 만한 상황이었다고 단정할수 없는 데도 이와 달리 그를 '범죄 실행의 직후인자'로서 현행범인이라도 단정한 원심판결에는 현행범인에 관한 법리오해의 위법이 있다(대법원 1991.9.24, 91도1314).

나. 경찰이 112 신고를 받고 현장에 출동하여 피고인을 체포하려고 할 때는, 피고인이 서울 성동구 소재 무학여고 앞길에서 피해자의 자동차를 발로 걸어차고 그와 싸우는 범행을 한 지 겨우 10분 밖에 지나지 않고, 그 장소도 범행현행에 인접한 위 학교의 운동장이며, 위 피해자의 친구가 112 신고를 하고 나서 피고인이 도주하는지 여부를 계속 감시하고 있던 중 위 신고를 받도 출동한 경찰관들에게 피고인을 지적하여 체포하도록 한 사실을 인정한 경우 피고인은 '범죄 실행의 직후인자'로서 현행범인에 해당한다.

다. 음주운전을 종료한후 40분 이상이 경과한 시점에서 길가에 앉아있던 운전자를 술냄새가 난다는 점만을 근거로 음주운전의 현행범인으로 체포한 것은 적법한 공무집행으로 볼수 없다(대법원2007.4.13, 2007도1249).

라. 의경이 음주측정을 거절하는 운전자를 음주측정할 목적으로 현행범인으로 체포한다는 사실조차 고지하지 아니한채 실력으로 연행하려고 한 경우는 적법한 공무집행으로 볼수 없다(대법원 1994.10.25., 94도2283).

준현형범인

준현행범인은 현행범인은 아니지만 현행범인으로 간주되는 자를 말한다(제211조 제2항).

> 1. 범인으로 불리며 추적되고 있는 자
> 2. 장물이나 범죄에 사용되었다고 인정하기에 충분한 흉기나 그 밖의 물건을 소지하고 있는 자
> 3. 신체나 의복류에 증거가 될 만한 뚜렷한 흔적이 있는 자
> 4. 누구냐고 묻자 도망하려고 하는 자(수사기관 뿐만 아니라 사인이 물을 경우도 포함)

관련판례

순찰 중이던 경찰관이 교통사고를 낸 차량이 도주하였다는 무전연락을 받고 주변을 수색하다가 범퍼 등의 파손상태로 보아 사고차량으로 인정되는 차량에서 내리는 사람을 발견한 경우, 형사소송법 제211조 제2항 제2호 소정의 장물이나 범죄에 사용되었다고 인정함에 충분한 흉기 기타의 물건을 소지하고 있는 때'에 해당하므로 준현행범인으로서 영장없이 체포할 수 있다.

요건

범죄·범인의 명백성

체포의 시점에서 특정한 범죄의 범인임이 명백하여야 한다.

체포의 필요성

현행범체포에 있어서 체포의 필요성이 있어야 하는가에 대하여 견해의 대립이 있으나, 판례는 현행범인 체포의 요건으로는 "행위의 가벌성, 범죄의 명백성, 시간적 접착

성, 범인·범죄의 명백성 외에 체포의 필요성, 즉 도망 또는 증거인멸의 염려가 있을 것을 요한다."고 판시 하였다(대법원 1999.1.26., 98도3029).

비례성

다액 50만원 이하의 벌금, 구류, 또는 과료에 해당하는 죄의 현행범인에 대해서는 범인의 주거가 분명하지 않은 경우에만 그 체포가 허용된다.

절차

주체

현행범인은 누구든지 영장 없이 체포할 수 있다. 따라서 수사기관뿐만 아니라 일반 사인도 현행범인을 영장 없이 체포할 수 있다.

체포 권한

사법경찰관리의 체포권한

사법경찰관리가 현행범을 체포할 때에는 체포절차를 준수하여야 한다.

체포하기 위하여 타인의 주거를 수색하고, 불가피한 경우에는 무기를 사용할 수 있으며, 체포현장에서 압수·수색·검증을 할 수 있다.

일반인의 현행범체포

일반인은 체포의 권한만 있지, 의무는 없다. 일반시민의 체포권한은 현행범을 검사나 사법경찰관리가 올 때까지 붙들고 있거나 가장 가까운 경찰서로 데리고 가 경찰관에게 인도하는 것이다.

이때 인도받은 사법경찰관리는 체포자의 성명, 주거, 체포사유 등을 묻고 필요한 경우 체포자에게 경찰관서에 동행할 것을 요구할 수 있다.

일반인은 현행범을 체포하기 위하여 타인의 주거에 들어갈 수 없다.

체포 후의 조치

현행범을 체포한 후 구속하고자 할 때에는 체포한 때로부터 48시간 내에 구속영장을 청구하여야 하고, 그 기간 이내에 구속영장을 청구하기 아니한 때에는 피의자를 즉시 석방하여여 한다.

section 2.
정당방위

 경비원, 경호원 등이 어떠한 불법 상황에 목격하고도 내가 이런 상황에서 타인의 안전을 위하여 개입 등의 행동을 할수 있는가? 하는 생각을 할 수 있다.
 더구나 물리력 사용시 한계 등도 고민이 될 수 있을 것이다. 예를 들어 민간경비원 등이 절도범 등을 근무시 발견하고 체포할 경우 이런 행위를 내가 할 수는 있는지? 그럼 어느 정도의 유형력은 되는지도 고민이 될 수 있을 것이다. 여기서는 경비원 등 안전업무 종사자들이 평소 궁금하게 생각하는 정당방위 부분을 설명하고자 한다.
 이는 피해자의 안전과 또한 체포자의 나중에 발생할 수 있는 법적분쟁 등을 사전에 예방하기 위함이다.

서 설

의의

 정당방위란 자기 또는 타인의 법익에 대한 현재의 부당한 침해를 방위하기 위한 상당한 이유가 있는 행위를 말한다(형법 제21조 제1항).

성질

 정당방위는 긴급행위로서 위법성조각사유(정당화 사유)의 하나이다.
 또한 현재의 부당한 침해를 방위하기 위한 행위이므로 '부정(不正) 대 정(正)'의 관계이다.

정당방위의 성립요건

정당방위는 ① 자기 또는 타인의 법익에 대한 현재의 부당한 침해가 있을 것, ② 방위하기 위한 행위일 것, ③ 상당한 이유가 있어야 한다.

자기 또는 타인의 법익에 대한 현재의 부당한 침해(객관적 정당방위 상황)

자기 또는 타인의 법익

정당방위에 의하여 보호되는 법익은 법에 의하여 보호되는 모든 이익이다. 형법상 법익(생명, 신체 등)은 물론 형법에 의하여 보호되지 않는 법익도 포함된다.

관련판례

가. 타인이 보는 자리에서 인륜상 용납할 수 없는 폭언과 폭행을 가하려는 자식을 아버지가 1회 구타하였는바, 자식이 넘어져 상처를 입고 사망한 사건→ 정당방위 인정(대법원 1974.5.14, 73도2401) ∵아버지의 신체와 신분에 대한 현재의 부당한 침해를 방위하기 위한 상당한 행위

나. 차량 문제로 자신의 부(父)와 피해자가 다툴시 피해자의 차량 전진으로 부(父)가 위험에 처하자 피해자의 머리털을 잡아당겨 상처를 입힌 사건→ 정당방위 인정(대법원 1986.10.14, 86도 1091)

국가적·사회적 법익을 위한 정당방위는 원칙적으로 부정하고 다만, 예외적으로 국가가 그 기관에 의하여 스스로 보호조치를 취할 여유가 없는 급박한 경우에는 허용된다고 보는 것이 다수설이다.

현재의 부당한 침해

침해

침해란 법익에 대한 사람에 의한 공격 또는 그 위험을 말한다(물건이나 동물의 침해는 정당방위는 긴급피난이 인정된다).

또한 고의에 의한 침해는 물론 과실에 의하거나 책임무능력자에 의한 침해도 여기에 해당한다. 만일 동물에 의한 침해가 사육주의 고의 혹은 과실에 의해 야기된 경우에는 정당방위가 가능하다.

또한 침해는 작위는 물론 보증인적 지위에 있는 자의 부작위에 의해서도 가능하다(퇴거요구에 불응하는 경우). 그러나 단순한 계약상 채무불이행에 대하여는 정당방위가 인정되지 않는다. (예) 임대차계약기간이 만료후 가옥을 명도하지 않은 임차인을 임대인이 폭력으로 축출한 경우에 정당방위가 인정되지 않는다(∵ 임차인의 부작위는 단순한 계약상 채무불이행에 불과하기 때문이다).

※ 그러나 상기 예와 같은 상황에서 임대인이 강제로 침입하는 행위에 대하여 임차인은 정당방위가 가능하다(∵ 임대인의 강제침입행위는 현재의 부당한 침해이므로).

현재의 침해

현재의 침해란 법익에 대한 침해가 급박한 상태에 있거나, 바로 발생하였거나, 아직 계속되고 있는 것을 말한다. 따라서 과거의 침해나 장래 예상되는 침해에 대해서는 정당방해를 할 수 없다.

침해행위가 이미 기수에 이른 경우에도 법익침해가 현장에서 계속되고 있으면 현재의 침해로 보아 정당방위가 가능하다(다수설).

(예) 절도범을 현장에서 추격하여 도품을 탈환한 경우→ 정당방위 인정

또한 현재성의 판단은 침해의 현재성은 방위행위시가 아니라 방위행위의 효과발생시

를 표준으로 결정해야 한다. 따라서 장래의 예상되는 침해에 대한 준비행위라도 그의 효과가 침해발생시에 나타나면 현재의 침해에 대한 방위행위로서 정당방위에 해당한다.

(예) 절도범의 침입을 막기 위해 자기 집 담장에 감전장치를 설치하였는데 절도범이 절도의사로 그 담장을 넘다가 감전이 되어 상해를 입은 경우→ 정당방위 인정

그리고 예방적 정당방위 인정여부에 대하여 반복될 계속침해의 위험을 방위하기 위한 정당방위는 인정되지 않는다.

관련판례

12살 때 의붓아버지의 강간행위에 의하여 정조를 유린당한 후 이후 계속적으로 성관계를 강요받아 온 피고인이 그의 남자친구와 공모하여 범행을 준비하고 의붓아버지가 잠든 틈에 칼로 심장을 찔러 살해한 행위는 정당방위 부정(대법원 1992.12.22, 92도2540) ∵사회 통념상 상당성을 결여하여 정당방위 불인정.

✲ 부당한 침해

부당한 침해란 침해행위가 객관적으로 전체의 법질서에 위반됨을 의미한다. 위법은 전체로서의 법질서에 반하는 것을 의미하기 때문에 형법상의 불법뿐만 아니라 민법상의 불법행위에 대해서도 정당방위가 가능하며 고의에 기한 것이든 과실에 기한 것이든 불문한다.

관련판례

가. 불법체포를 면하려고 반항하는 과정에서 경찰관에게 상해를 가한 것은 현재의 부당한 침해를 벗어나기 위한 행위로 정당방위에 해당한다(대법원 2002.5.10., 2001도300).

> **유사판례**

경찰관이 임의동행을 요구하며 손목을 잡고 뒤로 꺾어 올리는 등 제압하자 거기에서 벗어나기 위하여 몸싸움을 하는 과정에서 경찰관에게 경미한 상처를 입힌 경우→ 공무집행방해죄×, 정당방위○, ∵적법한 공무집행이 아니기 때문.

나. 검문중이던 경찰관이 자전거를 이용한 날치기 사건 범인과 흡사한 인상착의를 한 갑(甲)이 자전거를 타고 오는 것을 발견하고 정지를 요구하였으나 멈추지 않아 앞을 가로막고 소속과 성명을 고지후 검문에 협조해 달라고 하였음에도 그대로 전진하자 경찰관이 따라가서 재차 앞을 막고 검문에 응하라고 요구하였는데 이에 갑(甲)이 경찰관들의 멱살을 잡고 밀치거나 욕설을 하였다면 갑(甲)의 행위는 정당방위 불인정, 공무집행방해죄○, ∵경찰관들의 행위는 그 범행의 경중, 범행과의 관련성, 상황의 긴박성, 혐의의 정도, 질문의 필요성 등에 비추어 그 목적 달성에 필요한 최소한도의 범위 내에서 사회통념상 용인될 수 있는 상당한 방법으로 경찰관직무집행법 제3조 제1항[1]에 규정된 자에 대하여 의심되는 사항에 관한 질문을 하기 위하여 정지시킨 것이어서 그러한 불심검문은 적법하다(대법원 2012.9.13., 2010도6203).

부당한 침해가 아닌 정당한, 적법한 행위에 대해서는 정당방위가 불가능하다.

싸움의 경우에는 방위의사가 아닌 공격의사를 가지고 있고, 상호간에 침해를 유발한 것이기 때문에 원칙적으로 정당방위 내지 과잉방위는 성립하지 않는다.

---

1) 경찰관직무집행법 제3조(불심검문) ① 경찰관은 다음 각호의 어느 하나에 해당하는 사람을 정지시켜 질문할 수 있다.
　1. 수상한 행동이나 그 밖의 주위 사정을 합리적으로 판단하여 볼 때 어떠한 죄를 범하였거나 범하려 하고 있다고 의심할만한 상당한 이유가 있는 사람
　2. 이미 행하여진 범죄나 행하여지려고 하는 범죄행위에 관한 사실을 안다고 인정되는 사람

관련판례

✤ 싸움의 경우 정당방위가 부정되는 경우

가. 가해자의 행위가 피해자의 부당한 공격을 방위하기 위한 것이라기보다는 서로 공격할 의사로 싸우다가 먼저 공격을 받고 이에 대항하여 가해하게 된 것이라고 봄이 상당하고 이와 같은 싸움의 경우 가해행위는 방어행위인 동시에 공격 행위인 성격을 가지므로 정당방위 또는 과잉방위행위라고 볼 수 없다.

나. 피고인은 피해자 1이 동생의 혼인길을 막는다면서 피고인에게 시비를 걸고 머리채를 잡아 흔들자 이에 대항하여 위 피해자의 오른손을 비틀면서 넘어뜨린 다음 발로 전신을 수회 찼다는 것인바, 위와 같은 이 사건 싸움의 경위와 그 수단 등에 비추어 볼 때 피고인의 가해행위는 일련의 상호 투쟁 중에 이루어진 행위라 할 것이고, 그것이 피해자의 부당한 공격에서 벗어나거나 이를 방어하려고 한 행위였다고 볼 수는 없다(대법원 1996. 9. 6. 선고 95도2945).

✤ 싸움의 경우 정당방위가 인정되는 경우

가. 싸움에서 당연히 예상할 수 있는 정도를 초과하여 공격해온 때
  (예) 살인의 흉기 등을 사용한 경우

나. 외관상 서로 싸움을 하는 것처럼 보여도 실제로는 상대방의 일방적인 불법한 공격에 대하여 자신을 보호하기 위한 수단으로 유형력을 행사한 경우

① 50대 후반의 부부가 피고인의 집에 찾아와 피고인의 멱살을 잡고 밀어 넘어뜨리고 배 위에 올라타 주먹으로 팔, 안면 등을 폭행하자 피고인은 이를 방어하기 위하여 피해자의 팔을 잡아 비틀고 다리를 물어 상해를 가한 경우

② 피고인이 방안에서 피해자로부터 깨진 병으로 찔리고 이유없이 폭행당하자 피고인이 방안에서 피해자를 껴안거나 손으로 멱살부분을 잡고 흔든 경우 ∵ 피해자의 부당한 공격에서 벗어나거나 이를 방어하려고 한 행위

방위하기 위한 행위

① 방위의사(주관적 정당화 요소) : 정당방위에 있어서의 방위의사는 행위자의 주관을 표준으로 하는 동시에 객관적으로 사회통념상 방의의사를 추정할수 있는 경우이어야 한다(대법원 1995.8.5., 4288형상124).
② 방어행위 : 방어행위는 현재의 부당한 침해 그 자체를 배제하기 위한 반격행위를 말하며, 방어행위에는 순수한 수비적 방어(보호방위)뿐만 아니라 적극적 반격을 포함하는 반격방어(공격방위)의 형태도 포함한다.
③ 방위행위의 상대방 : 방위행위는 침해자나 그 도구에 의하여 행하여야 하며, 침해와 무관한 제3자에게 할수 없다. 침해와 무관한 제3자의 법익을 침해한 경우는 긴급피난[2]에 해당한다.

상당한 이유

정당방위가 성립하기 위해서는 방위행위가 상당한 이유가 있어야 한다. 여기서 상당한 이유란 방위행위가 사회상규에 비추어 상당한 정도를 넘지 아니하고 당연시 되는 것으로 방위의 필요성과 방위행위에 대한 사회윤리적 제한이 포함되는 것으로 본다. 또한 정당방위는 '부정 대 정'의 관계로 개인의 법익에 대한 보호뿐만 아니라 법질서의 수호를 위하여도 인정되는 것이므로 긴급피난의 경우와 같은 보충성의 원칙이나 법익균형성의 원칙을 요하지 아니한다. 다만 방위수단의 적합성과 최소침해의 원칙은 필요하다.

---

[2] 형법 제22조【긴급피난】
  ① 자기 또는 타인의 법익에 대한 현재의 위난을 피하기 위한 행위는 상당한 이유가 있는 때에는 벌하지 아니한다.
  ② 위난을 피하지 못할 책임이 있는 자에 대하여는 전항의 규정을 적용하지 아니한다.
  ③ 전조 제2항과 제3항의 규정은 본조에 준용한다.

과잉방위

제21조【과잉방위】
② 방위행위가 그 정도를 초과한 때에는 정황에 의하여 그 형을 감경 또는 면제할 수 있다.
③ 전항의 경우에 그 행위가 야간 기타 불안스러운 상태하에서 공포, 경악, 흥분, 당황으로 인한 때에는 벌하지 아니한다.

관련판례

가. 이유없이 집단구타를 당해 더 이상 피할수 없는 상황에서 이를 방어하기 위해 곡괭이자루를 휘둘러 1명을 사망하게 하고 다른 자에게 상해를 입힌 경우 → 과잉방위○

나. 피고인이 22:40경 인 야간에 자신의 처와 함께 극장구경을 마치고 귀가하는 도중, 술취한 피해자(19세)가 소녀들에게 음경을 내놓고 소변을 보면서 키스를 하자고 달려들어, 이에 피고인이 타이르자 피고인의 뺨을 때리고 돌을 들어 구타하려고 따라오는 것을 피고인이 피하자, 처를 땅에 넘어뜨려 깔고 앉아서 돌로 때리려는 순간 피고인이 발로 피해자의 복부를 한차례 차서 사망에 이르게 한 경우 → 무죄(대법원 1974.2.26., 73도2380) ∵ 제21조 제3항 적용

다. 야간에 흉폭한 성격에 술까지 취한 피해자(피고인의 오빠)가 식칼을 들고 피고인을 포함한 가족들의 생명·신체를 위협하는 불의의 행패와 폭행을 하자 피고인이 피해자의 몸 위에 타고 앉아 그의 목을 계속 눌러 질식 사망케 한 경우 → 무죄(대법원 1986.11.11.,86도1862) ∵ 제21조 제3항 적용

라. 피고인이 피해자와 말다툼을 하다가 건초더미에 있던 낫을 들고 반항하는 피해자로부터 낫을 빼앗아 그 낫으로 피해자의 가슴, 배, 등 목 부위 등을 10여차례 찔러 피해자가 사망한 경우 → 정당방위×, 과잉방위×

마. 구타하자 과도(길이 26센티미터)로 피해자의 복부를 3~4회 찔러 상해를 입힌 경우
→ 정당방위×, 과잉방위×

바. 이혼소송중인 남편이 찾아와 가위로 폭행하고 변태적 성행위를 강요하는 데에 격분하여 처가 칼로 남편의 복부를 찔러 사망에 이르게 한 경우, 그 행위는 방위행위로서의 한도를 넘어선 것으로 사회통념상 용인될 수 없다는 이유로 정당방위나 과잉방위에 해당하지 않는다(대법원 2001. 5. 15. 선고 2001도1089).

실전 체포 호신술

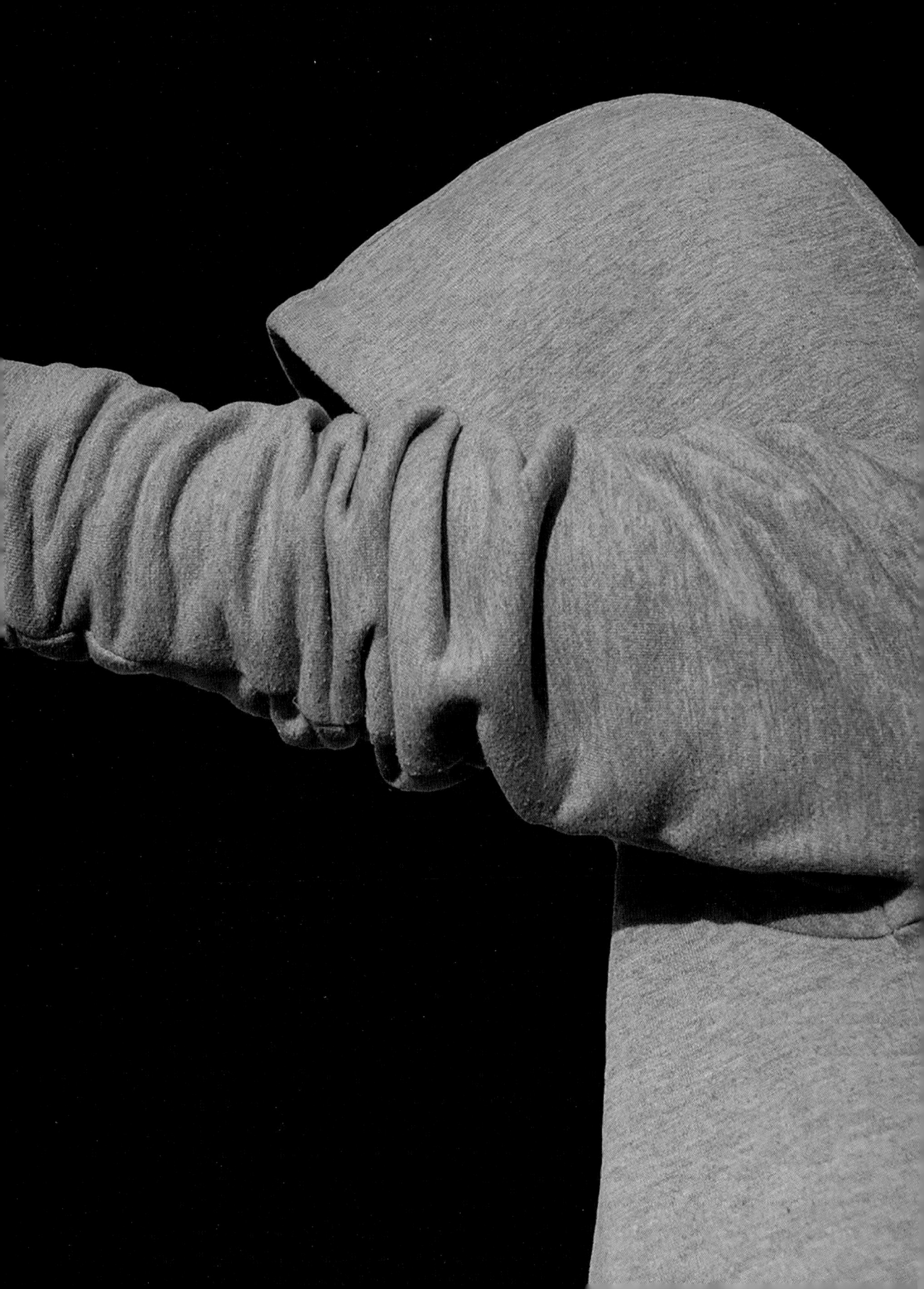

section 1.

낙법

상대의 공격에 의하거나 자신의 실수로 넘어지거나 떨어질 때 충격을 완화하는 방법으로 턱은 목에다 붙이고, 시선은 자신의 배꼽을 보며, 손끝(신체의 작은면적)부터 지면에 닿아 충격을 최소화하는 방법

전방낙법

1. 손끝을 모고, 팔은 이등변 삼각형으로 어깨 높이로 하여 앞으로 넘어진다.
2. 손끝과 팔꿈치가 이등변 삼각형 형태로 지면에 닿도록하여 손끝부터 떨어진다.
얼굴은 옆으로 돌려주고, 배 부분이 지면에 닿지 않도록 한다.

후방낙법

1. 턱은 목에 붙이고, 손은 가랑이 사이에 놓고 뒤로 손끝부터 떨어진다.

2. 턱은 당기고, 시선은 배꼽을 보며 팔은 몸통에서 30~40도 정도 벌려 힘껏 쳐 등(몸통)보다 먼저 지면에 닿도록 한다. 이때 다리는 90도 이상 넘어 가지 않도록 한다.

좌측방낙법

1. 오른손은 배꼽에 대고, 왼손은 어깨높이로 들어 반대쪽 어깨까지 올라가 왼쪽으로 쓰러지며 힘껏 바닥을 손끝부터 친다.

2. 턱은 목에 붙이고 시선은 배꼽, 오른손은 배꼽위에 왼손은 지면을 힘껏 친다. 오른다리는 세우고, 왼다리는 눕힌다.

우측방낙법

1. 왼손은 배꼽에 대고, 오른손은 어깨높이로 들어 반대쪽 어깨까지 올라가 오른쪽으로 쓰러지며 힘껏 바닥을 손끝부터 친다.

2. 턱은 목에 붙이고 시선은 배꼽, 왼손은 배꼽위에 오른손은 지면을 힘껏 친다. 왼다리는 세우고, 오른다리는 눕힌다.

왼쪽 회전낙법

1. 왼발이 앞으로 나와 좌자세를 취한다.

2. 왼발을 살짝 굽히고 왼팔을 왼발과 지면에 닿은 오른손 사이에 팔꿈치가 앞으로 가게 넣어 왼팔등을 타고 앞으로 구른다.

3. 자세는 우측방낙법 자세로 떨어진다.

앞굴러치기

1. 왼자세로 왼발이 앞에 있고 왼손은 배꼽에 대고 상체는 숙이고 시선은 배꼽을 보며 오른팔은 위로 올려 앞으로 굴러간다.

2. 손끝이 먼저 지면에 닿아 몸에 충격이 없이 부르럽게 앞으로 굴러 앉는다.

section 2.
막기

상대의 공격을 손이나 발, 다리로 쳐내거나 막거나, 잡아채는 동작

올려막기 : 상대가 주먹으로 얼굴을 가격할 때

1. 상대가 주먹으로 공격을 하려 할 때 대응하는 자세

2. 상대가 주먹으로 얼굴을 공격 시 앞에 있는 손을 위로 올려 막는다.

바깥에서 안으로 막기 : 상대가 얼굴이나 가슴을 밀거나 가격할 때

1. 상대가 주먹으로 공격을 하려 할 때 대응하는 자세

2. 상대 주먹이 직선으로 들어올 때 앞에 있는 왼손으로 밖에서 안으로 상대팔을 쳐 낸다.

안에서 바깥으로 막기 : 상대가 얼굴이나 가슴을 밀거나 가격할 때

1. 상대주먹이 들어오면 안에서 밖으로 쳐 낸다.

2. 상대손목을 아래로 내리면서 잡는다.

엇걸어 위로 막기 : 상대가 위에서 아래로 머리를 공격할 시

1. 상대가 위에서 머리를 내려 칠 때 양손을 엇걸어 위로 올려 막는다.

엇걸어 아래로 막기 : 상대가 앞차기나 무릎으로 배나 낭심을 공격할 시

1. 상대가 양 어깨를 잡고 무릎으로 가격 시 양손을 엇걸어 막는다.

팔굽 접어 올려막기 : 상대가 훅으로 얼굴을 공격할 시

1. 상대가 훅으로 얼굴을 공격 시 같은 방향의 팔을 접어 올려서 막는다.

돌려차기 막기 : 한손은 아래서 위로 다른 한손은 위에서 아래로 막기

1. 상대가 돌려차기로 몸통을 공격 시 같은쪽의 팔은 내려서 아래막고, 반대손은 올려서 얼굴을 막는다.

section 3.

보 이동

상대와 대적할 시 상대의 공격을 잘 피하거나, 민첩하게 움직여 공격하기 좋은 위치를 선점하고자 하는 동작

앞으로 이동하기

1. 왼발이 앞에 있는 좌자세

2. 앞으로 이동하고자 앞에 있는 왼발이 먼저 앞으로 한보 전진한다.

3. 뒷발이 앞발을 따라간다.

뒤로 이동하기

1. 왼발이 앞에 있는 좌자세
2. 뒤로 이동하고자 뒤에 있는 오른발이 먼저 뒤로 한보 후진한다.
3. 앞발이 뒷발을 따라간다.

좌로 이동하기

1. 왼발이 앞에 있는 좌자세

2. 왼쪽에 있는 왼발이 먼저 왼쪽으로 한보 이동한다.

3. 오른발이 왼발을 따라간다.

우로 이동하기

1. 왼발이 앞에 있는 좌자세
2. 오른쪽에 있는 오른발이 먼저 오른쪽으로 한보 이동한다.
3. 왼발이 오른발을 따라간다.

길게 앞으로 이동하기

정면

1. 왼발이 앞에 있는 좌자세
2. 좌자세에서 뒷발(오른발)이 왼발 앞으로 나온 자세
3. 왼발이 앞으로 밀려 나온 자세

측면

길게 뒤로 이동하기

정면

1. 왼발이 앞에 있는 좌자세
2. 좌자세에서 앞발(왼발)이 오른발 앞까지 뒤로 물러난 자세
3. 오른발이 뒤로 물러난 자세

측면

좌로 방향전환하기

1. 왼발이 앞에 있는 좌자세에서 좌측방향으로 돌아준다.

우로 방향전환하기

1. 왼발이 앞에 있는 좌자세에서 우측방향으로 돌아준다.

section 4.
잡혔을 때 빠져나오는 방법

상대가 같은 쪽 손목을 잡았을 때(아래로 빼기)

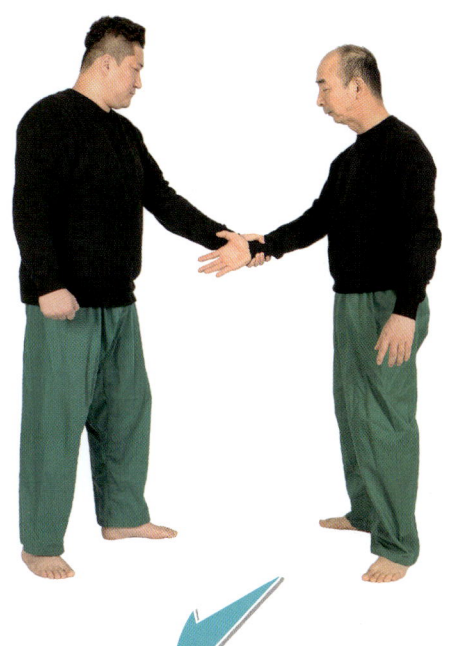

1. 상대가 같은 쪽 손목을 잡았을 때

2. 잡힌쪽 발이 앞으로 한보 나가며 잡힌 손목을 비틀어 손바닥이 지면을 향하게 한다.

3. 오른발 무릎을 굽히면서 오른손을 엄지손가락(아래)방향으로 당겨 잡힌 손목을 뺀다.

상대가 같은 쪽 손목을 잡았을 때(위로 빼기)

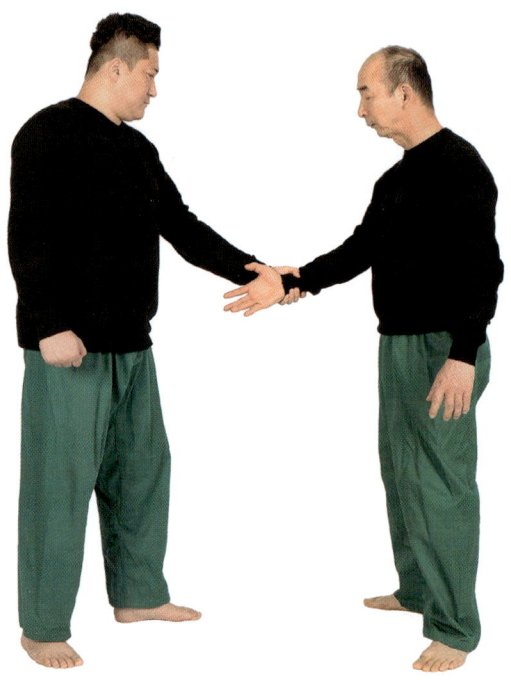

1. 상대가 같은 쪽 손목을 잡았을 때

2. 오른발이 상대 몸쪽으로 들어가며 앞굽이로 아래서 위로 잡힌 손 엄지가 위쪽으로 가게 밀어 올려 뺀다.

상대가 같은 쪽 손목을 잡았을 때(안으로 빼기)

1. 상대가 같은 쪽 손목을 잡았을 때

2. 오른발이 앞으로 한보 들어가며 잡힌 손바닥이 지면을 향하여 엄지손방향으로 당겨서 뺀다.

두손으로 한손목 잡았을 때

1. 상대가 두손으로 한손목을 꽉 잡았을 때

section 4. 잡혔을 때 빠져나오는 방법

2. 왼발이 앞으로 한보 들어가 왼손으로 잡힌 오른손을 포개 잡아 왼발이 뒤로 빠지며 체중을 실어 힘차게 손을 위로 들어 올려 뺀다.

Part 2. 실전 체포 호신술

양손으로 양손목 잡았을 때

1. 양손으로 양손목을 잡았을 때

section 4. 잡혔을 때 빠져나오는 방법

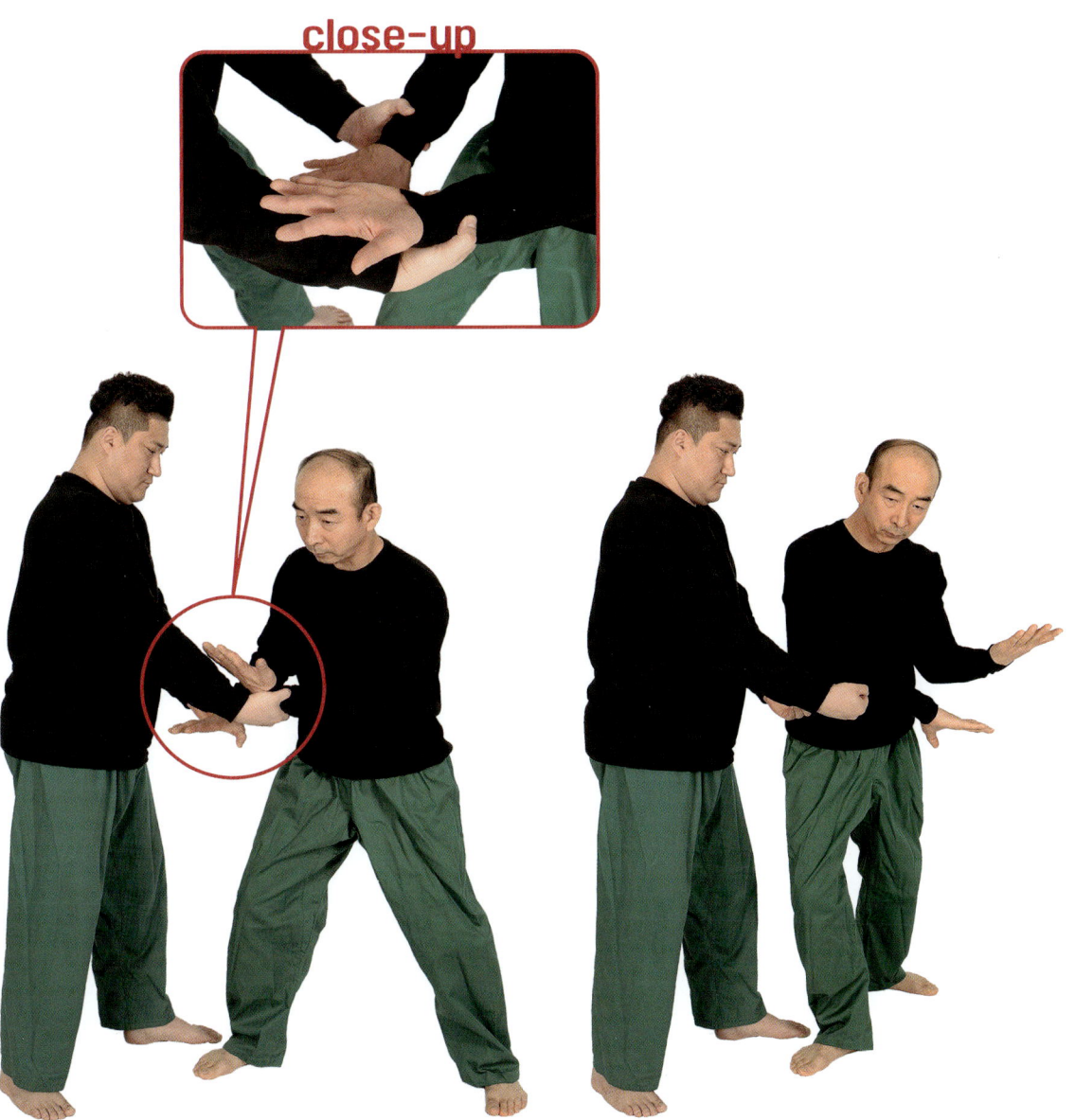

2. 오른발이 한보 들어가며 왼손은 손바닥이 위로 향하게 하고 오른손은 손등이 위로 향하게 하여 왼발이 뒤로 회전하며 잡힌손을 뺀다.

양손으로 멱살을 잡았을 때

1. 상대가 양손으로 멱살을 잡은 자세

2. 왼손을 상대 오른팔위로 들어가 상대 왼팔 밑으로 넣는다.

section 4. 잡혔을 때 빠져나오는 방법

3. 오른손으로 왼손을 맞 잡고 오른발이 사선으로 들어간다.

4. 왼발이 뒤로 돌며 맞 잡은 손을 뿌리치며 빠져나온다.

한손으로 옷소매를 잡았을 때

1. 상대가 한손으로 같은쪽 손목 옷소매를 잡은 자세

section 4. 잡혔을 때 빠져나오는 방법

2. 잡힌 손을 바깥쪽에서 안으로 감아 아래로 뿌리치며 뺀다.

section 5.
발차기

양손으로 멱살을 잡았을 때-1

1. 상대가 양손으로 멱살을 잡은 자세

section 5. 발차기

2. 더 이상 목을 압박하지 못하도록 양손으로 상대 양손을 잡는다.

3. 상대 손목을 힘껏 잡고 무릎을 들어 올려 낭심이나 복부를 가격한다.

양손으로 멱살을 잡았을 때-2

1. 상대가 양손으로 멱살을 잡은 자세

2. 더 이상 목을 압박하지 못하도록 양손으로 상대 양손을 잡고 발바닥으로 정강이를 가격한다.

양손으로 멱살을 잡았을 때-3

1. 상대가 양손으로 멱살을 잡은 자세
2. 양손으로 상대 양손을 잡고 오른발을 들어 올린다.
3. 뒤꿈치로 상대 넓적다리를 찍는다.

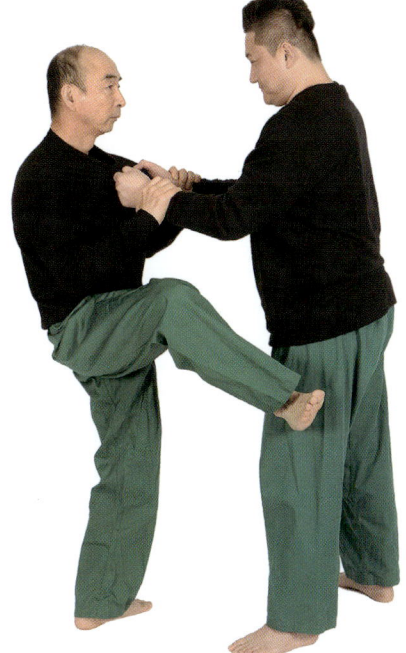

양손으로 멱살을 잡았을 때-4

1. 상대가 양손으로 멱살을 잡은 자세

2. 양손으로 상대 양손을 잡고 왼발을 들어올린다.

3. 뒤꿈치로 상대 정강이 안쪽을 안에서 밖으로 찬다.

section 6.
상대가 잡았을 때

상대가 손목을 잡았을 때

- 손목꺾기(오른발 전진하며 뒤로돌아서 손목꺾기)

1. 상대가 오른손으로 왼손목을 잡아 끌 때

section 6. 상대가 잡았을 때

2. 오른손으로 상대 손목을 잡고 왼발이 한보 나간다.

3. 오른발이 등 뒤로 돌며 상대 손목을 비틀어 제압한다.

상대가 팔꿈치를 잡았을 때

🥕 손목꺾기(오른발 전진하며 뒤로돌아서 손목꺾기)

1. 상대가 오른손으로 팔꿈치를 잡아 끌 때

section 6. 상대가 잡았을 때

2. 오른손으로 상대 손목을 잡고 왼발이 한보 나간다.

3. 오른발이 등 뒤로 돌며 상대 손목을 비틀어 제압한다.

상대가 어깨를 잡았을 때

손목꺾기(오른발 전진하며 뒤로돌아서 손목꺾기)

1. 상대가 오른손으로 어깨를 잡아 끌 때

section 6. 상대가 잡았을 때

2. 오른손으로 상대 손목을 잡고 왼발이 한보 나간다.

3. 오른발이 등 뒤로 돌며 상대 손목을 비틀어 제압한다.

상대가 머리채를 잡았을 때

손목꺾기

1. 상대가 오른손으로 머리채를 잡아 끌 때

section 6. 상대가 잡았을 때

2. 오른손으로 상대 오른손등을 잡고 왼손으로 바쳐잡는다.

3. 오른쪽으로 숙여 상대 오른손날이 하늘방향으로 가게 향하여 손날을 세워 꺾거나 비틀어 제압한다.

상대가 멱살을 잡았을 때

손목세워꺾기

1. 상대가 양손으로 멱살을 잡고 위협할 때

2. 왼손으로 상대 왼손날을 잡고,

section 6. 상대가 잡았을 때

3. 오른손은 상대 왼손날을 위로 밀어 올려 상대 왼손날이 하늘방향으로 가게 한다.

4. 오른발이 한보 나가면서 체중을 실어 상대 왼손목을 세워서 꺾어 제압한다.

상대가 벨트나 허리춤을 잡아 끌 때

손목세워꺾기

1. 상대가 벨트나 허리춤을 잡아 끌 때

2. 왼손으로 상대왼손안쪽을 잡고, 오른손은 상대왼손바깥쪽을 잡아 상대손날이 하늘방향으로 가게 한다.

section 6. 상대가 잡았을 때

3. 왼발이 뒤로 빠지며 상대를 잡아당겨 앞으로 넘어트리며 상대 왼손목을 세워서 꺾어 제압한다.

상대가 뒤에서 뒷덜미를 잡았을 때

팔굽눌러꺾기

1. 상대가 뒤에서 뒷덜미를 잡아 끌 때

2. 뒤로돌아 양손으로 상대 팔꿈치를 잡는다.

section 6. 상대가 잡았을 때

3. 팔꿈치를 앞으로 당겨 상대 팔꿈치를 꺾어 제압한다.

section 7.
상대가 주먹으로 공격 시

상대가 주먹으로 공격 시

1. 상대가 주먹으로 공격하려는 자세

2. 왼손으로 밖에서 안으로 쳐 낸다.

section 7. 상대가 주먹으로 공격 시

3. 왼발, 오른발 앞으로 나가며 오른팔로 상대 목을 감아 압박한다.

4. 왼손으로 상대 왼팔을 잡아 뒤로 당겨 압박한다.

상대가 훅으로 공격 시

1. 상대가 훅으로 공격 시 오른 팔을 접어 올려 막는다.

section 7. 상대가 주먹으로 공격 시

2. 오른발 나가며 왼팔로 상대 목을 감아 뒤로 민다.

3. 왼발로 상대 왼발을 걸어 넘어 트린다.

상대가 양손으로 밀 때

1. 상대가 양손으로 미는 자세

2. 오른발 앞으로 나가며 양손으로 안에서 밖으로 헤쳐막는다.

section 7. 상대가 주먹으로 공격 시

3. 오른발 나가며 왼팔로 상대 목을 감아 뒤로 민다.

4. 왼발로 상대 왼발을 걸어 넘어 트린다.

section 8.

발로 공격 시

상대가 발로 공격 시(돌려차기)

1. 상대와 대적한 자세

2. 상대가 오른발로 몸통을 돌려 차는 순간 오른발이 앞으로 나가며 왼손은 아래서 위로 오른손은 위에서 아래로 상대 다리를 막으면서 잡는다.

section 8. 발로 공격 시

3. 오른 팔뚝으로 상대 넓적다리를 누른다.

4. 왼발은 뒤로 돌면서 오른팔뚝은 힘껏 상대 넓적다리를 눌러 넘어트린다.

상대가 발로 공격 시(밀어차기)

1. 상대가 오른발로 가슴을 발바닥으로 밀어차면, 왼발이 좌측사이드 앞으로 전진 한다.

2. 오른팔로 상대 오른다리를 아래서 위로 감아 잡는다.

section 8. 발로 공격 시

3. 오른팔로 잡은 다리는 위로 들어 올리며 오른발이 앞으로 한보나간다.

4. 다리를 더 들어 올려 중심을 무너트려 뒤로 넘어트린다.

section 9.
상대가 목을 조르거나 안았을 때

왼쪽 옆에서 목을 조를 때_1

1. 왼쪽 옆에서 목을 조를 때

2. 오른손으로 상대의 오금을 앞으로 밀고, 왼손으로 상대의 뒷덜미를 잡는다.

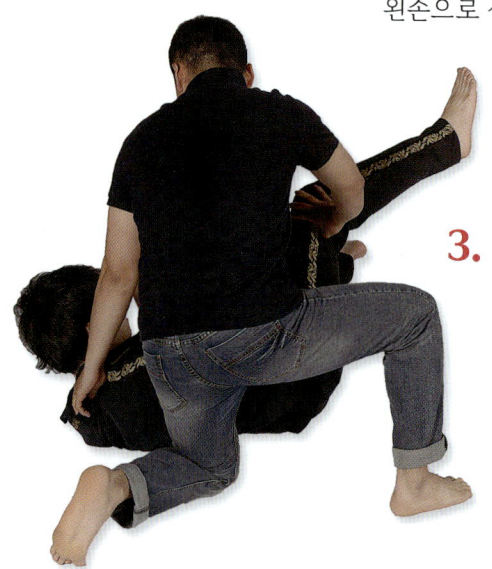

3. 왼발을 등 뒤로 빼면서 상대의 뒷덜미를 힘껏 잡아당겨 뒤로 넘어뜨린다.

section 9. 상대가 목을 조르거나 안았을 때

왼쪽 옆에서 목을 조를 때_2

1. 왼쪽 옆에서 목을 조를 때

2. 왼손은 상대의 뒷덜미를 잡고, 오른손은 상대의 오금을 잡는다.

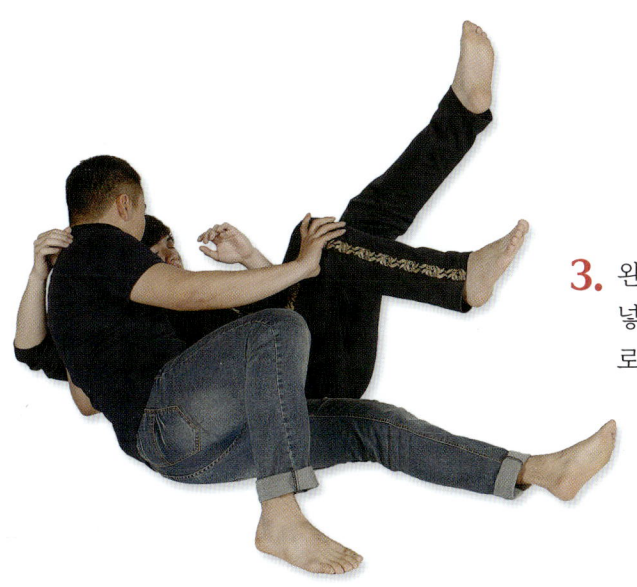

3. 왼발을 상대의 가랑이 사이로 넣으며 힘껏 뒷덜미를 당겨 뒤로 넘어뜨린다.

앞에서 목을 조를 때

1. 앞에서 목을 조를 때

2. 오른발을 앞으로 내밀면서 왼손으로 상대의 왼손목을 잡고 오른손으로 상대의 팔꿈치를 받쳐 잡는다.

section 9. 상대가 목을 조르거나 안았을 때

3. 오른손으로 상대의 팔꿈치를 치켜올린다.

4. 왼발을 뒤로 빼면서 오른팔뚝으로 상대의 팔꿈치를 눌러 꺾는다.

뒤에서 목을 조를 때

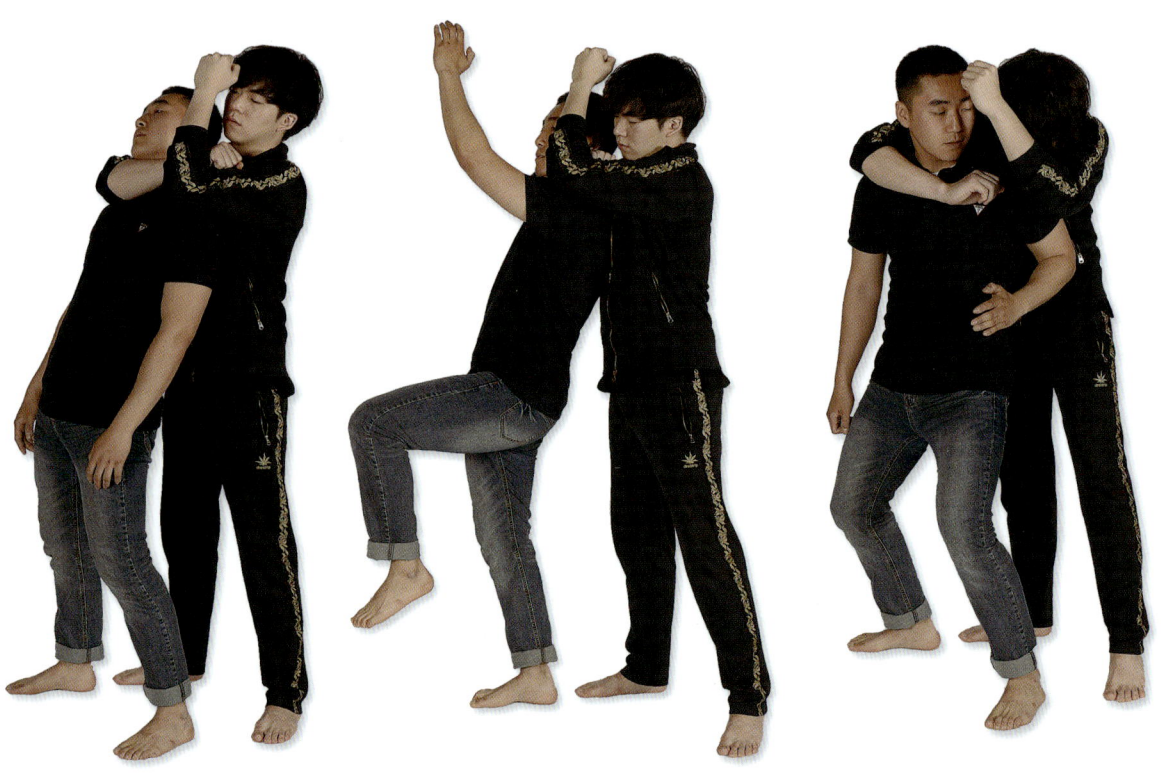

1. 뒤에서 목을 조를 때
2. 왼발을 들고 왼팔꿈치로 3번과 같이 상대를 가격한다.
3. 팔꿈치로 상대의 복부를 가격한다.

section 9. 상대가 목을 조르거나 안았을 때

4. 상대의 오른팔을 양손으로 잡고 업는다.

5. 양무릎을 펴면서 허리를 숙여 상대를 업어 메친다.

section 10.
상대가 칼로 공격 시

바로 찌를 때

1. 상대가 칼을 들었을 때 도구(삼단봉/단봉) 들고 대적한다. 가능한 3m 이상 떨어져 삼단봉을 X로 돌려 상대를 위협하며 사람이 없는 쪽으로 몰아 붙친다.

2. 상대가 밀고 들어오면 사이드로 빠지며 손목을 가격하여 칼을 떨어트린다.

section 10. 상대가 칼로 공격 시

삼단봉

호신용 타격 도구로 강하게 뿌리듯이 휘두르면 펴지는 마찰고정식(friction loc)과 찌르기가 가능하게 나온 잠금식 삼단봉(disc loc), 스위치를 누르면 나오는 자동방식이 있다.

3. 삼단봉을 상대 겨드랑이에 걸어 반대 손으로 삼단봉 중앙을 잡는다.

4. 왼발이 뒤로 돌아 앉으며 잡아당겨 상대를 앞으로 넘어뜨려 어깨관절을 압박한다.

밖에서 안으로 찌를 때

1. 상대가 칼을 들었을 때 도구(삼단봉/단봉)들고 대적한다.

2. 상대가 밖에서 안으로 칼로 얼굴쪽으로 공격이 들어오면, 삼단봉으로 같이 밖에서 안으로 힘껏 상대 손목을 쳐 칼을 떨어트린다.

section 10. 상대가 칼로 공격 시

3. 상대손목을 삼단봉으로 걸어 반대손으로 삼단봉 중앙안쪽으로 바짝잡아 압박한다.

4. 상대손목이 빠지지 않게 잡아 상대를 앞으로 당겨 앞으로 넘어트린다.

위에서 찌를 때

1. 상대가 칼을 들었을 때 도구(삼단봉/단봉)들고 대적한다.

2. 위에서 아래로 칼로 얼굴을 향하여 공격시 삼단봉으로 밖에서 안으로 상대 손목을 쳐 칼을 떨어트린다.

section 10. 상대가 칼로 공격 시

3. 삼단봉을 상대 겨드랑이에 걸어 반대 손으로 삼단봉 중앙을 잡는다.

4. 왼발이 뒤로 돌아 앉으며 잡아당겨 상대를 앞으로 넘어트려 어깨관절을 압박한다.

section 11.
단봉을 이용한 제압술

상대가 멱살을 잡았을 때

1. 상대가 멱살을 잡고 위협을 가한다.

2. 오른손의 삼단봉으로 상대팔을 감아 잡는다.

section 11. 단봉을 이용한 제압술

3. 뒤로 잡아 당겨 상대를 앞으로 넘어트려 제압한다.

상대가 발로 공격 시-1

1. 상대가 발로 공격자세를 취한다.

2. 상대가 앞차기로 공격 시 삼단봉으로 막는다.

상대가 발로 공격 시-2

1. 상대가 발로 공격자세를 취한다.

2. 상대가 돌려차기로 공격 시 왼손으로 막아 잡다.

3. 오른손 삼단봉으로 상대 다리를 가격한다.

상대가 손목을 잡았을 때

1. 상대가 손목을 잡았을 때

2. 오른손의 삼단봉으로 상대팔을 감아 잡는다.

section 11. 단봉을 이용한 제압술

3. 뒤로 잡아 당겨 상대를 앞으로 넘어트려 제압한다.

단봉으로 등 뒤에서 목조르기

1. 상대와 대적한 자세

2. 왼발을 앞으로 내밀면서 오른손으로 바깥을 막는다.

3. 상대의 등 뒤로 돌아가 뒤에서 단봉으로 상대의 목을 압박 한다.

단봉으로 복부찌르기

1. 상대와 대적한 자세

2. 오른발을 사선으로 내밀면서 왼손으로 상대의 팔을 막는다.

3. 상대의 복부를 찌른다.

X자로 엇걸어꺾기

1. 상대와 대적한 자세

2. 상대의 주먹을 엇걸어 막는다.

section 11. 단봉을 이용한 제압술

3. 봉을 양손으로 맞잡는다.

4. 앞으로 잡아당겨 상대를 넘어뜨린 다음 상대의 손목 위쪽 노뼈를 압박한다.

칼로 공격 시

1. 상대가 칼을 들었을 때 도구(삼단봉/단봉)들고 대적한다.

2. 상대가 칼로 복부 공격이 들어오면 삼단봉으로 힘껏 상대 손목을 쳐 칼을 떨어트린다.

3. 삼단봉을 상대 겨드랑이에 걸어 반대 손으로 삼단봉 중앙을 잡는다.

section 11. 단봉을 이용한 제압술

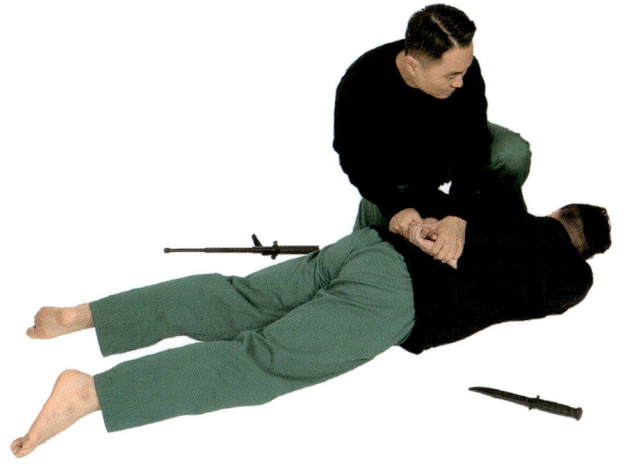

4. 왼발이 뒤로 돌며 상대를 잡아 당겨 앞으로 넘어트린다.

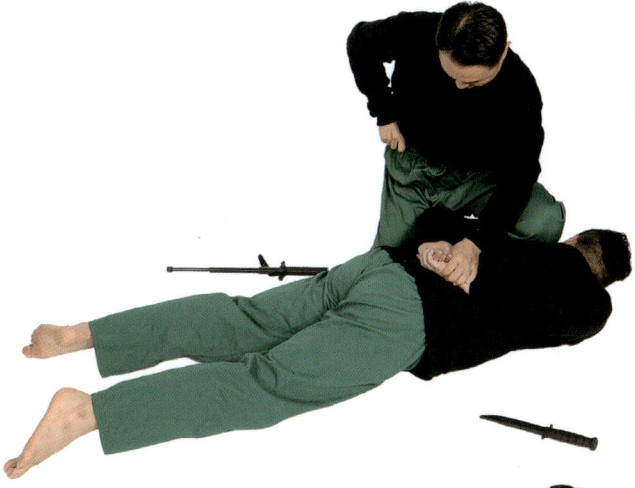

5. 상대어깨를 무릎으로 눌러 제압한다.

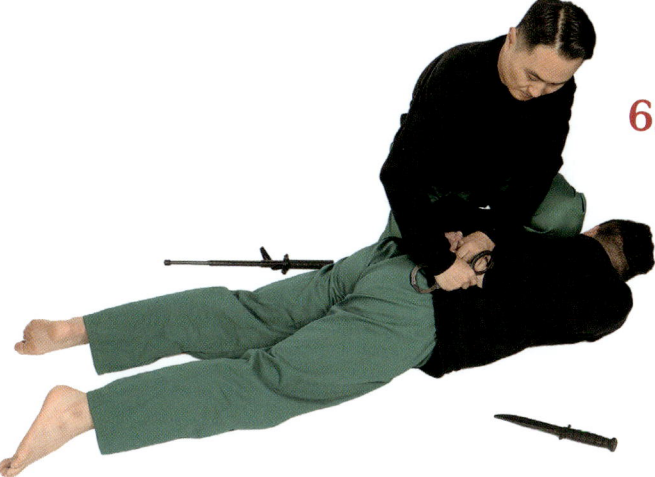

6. 상대 양손목에 뒤수갑을 채운다.

section 12.
무기로 공격할 때 제압술

범법자가 삼단봉을 수평으로 잡았을 때

1. 상대가 삼단봉을 수평으로 양손 잡았을 때.

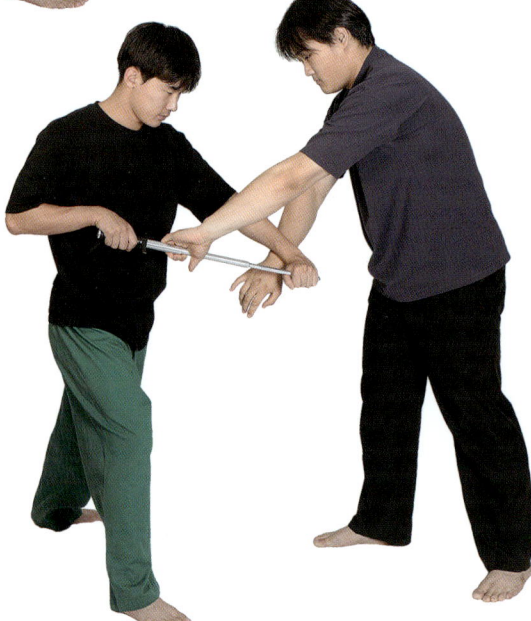

2. 오른발이 앞으로 나가며, 왼손 봉 끝을 위에서 아래로 수직으로 누른다.

section 12. 무기로 공격할 때 제압술

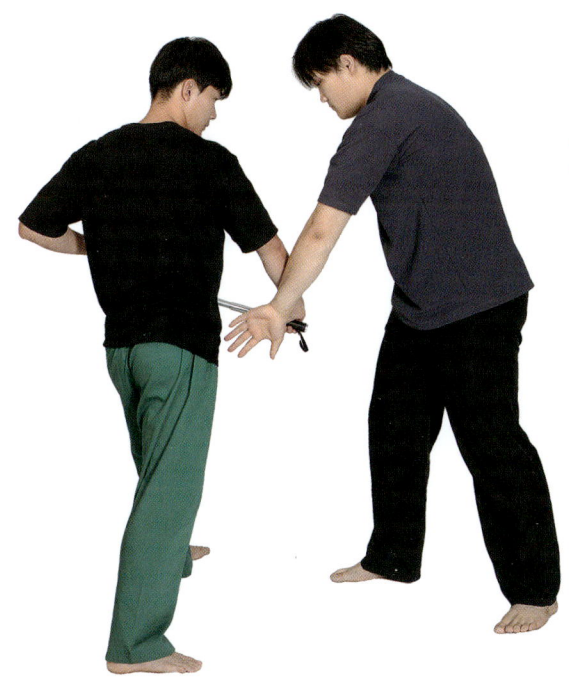

3. 오른손 봉 끝을 위에서 아래로 수직으로 눌러 뺀다.

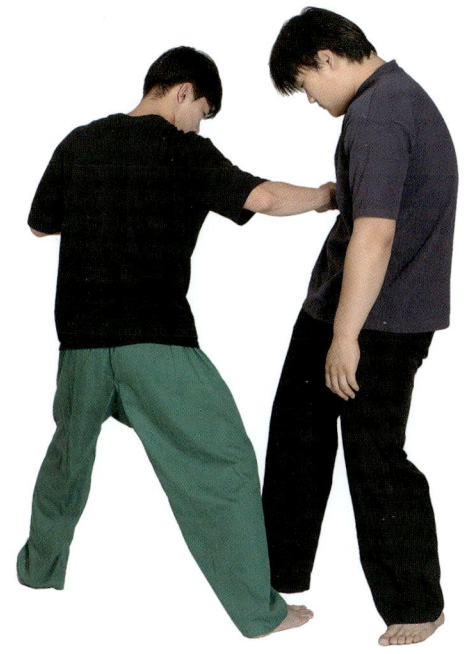

4. 오른손 봉 끝 손잡이 끝으로 상대의 복부를 가격한다.

범법자가 삼단봉을 왼손으로 잡았을 때

1. 상대가 삼단봉을 왼손으로 잡는다.

2. 오른발이 나가며 왼손으로 봉끝을 잡는다.

3. 왼발을 나가며 봉끝을 돌려 뺀다.

section 12. 무기로 공격할 때 제압술

범법자가 삼단봉을 오른손으로 잡았을 때

1. 상대가 삼단봉을 오른손으로 잡는다.

2. 왼손으로 봉끝을 잡는다.

3. 왼발이 앞으로 나가며, 왼손을 위에서 아래로 눌러 뺀다.

흉기로 얼굴을 위에서 아래로 공격 시

1. 상대가 흉기를 들고 공격하려 할 때.

2. 상대가 위에서 아래로 내려칠 때, 양손으로 봉 끝을 잡고 올려 막는다.

section 12. 무기로 공격할 때 제압술

3. 막은 즉시, 왼손으로 상대 손목을 잡는다.

4. 상대팔꿈을 겨드랑이에 껴 아래로 눌러 제압한다.

흉기로 얼굴을 위에서 아래로 공격 시

1. 상대가 흉기를 들고 공격하려 할 때.

2. 상대가 위에서 아래로 내려칠 때, 양손으로 봉 끝을 잡고 올려 막는다.

section 12. 무기로 공격할 때 제압술

3. 왼손으로 상대 손목을 잡고, 오른손으로 잡은 봉을 상대 목 부위에 댄다.

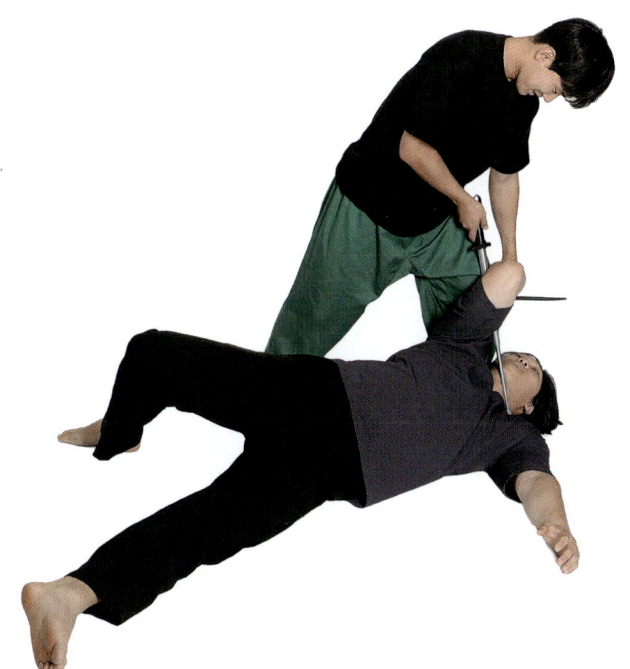

4. 봉으로 목을 밀어 넘어트려 목을 압박한다.

흉기로 얼굴을 위에서 아래로 공격 시

1. 상대가 흉기를 들고 공격하려 할 때.

2. 양손으로 봉 끝을 잡고 올려 막는다.

section 12. 무기로 공격할 때 제압술

3. 왼손으로 상대 손목을 잡고, 오른손 봉은 상대 등에 댄다.

4. 오른발이 등 뒤로 180도 돌아 꺾는다.

5. 봉을 상대 팔과 등사이 넣은 상태로 팔을 비틀어 압박한다.

흉기로 복부를 공격 시

1. 상대가 흉기를 들고 공격하려 할 때.

2. 오른발이 사선으로 전진하며, 흉기를 든 손목을 강하게 내려쳐 흉기를 떨어뜨린다.

3. 봉 끝으로 상대 복부를 강하게 친다.

흉기로 복부를 공격 시

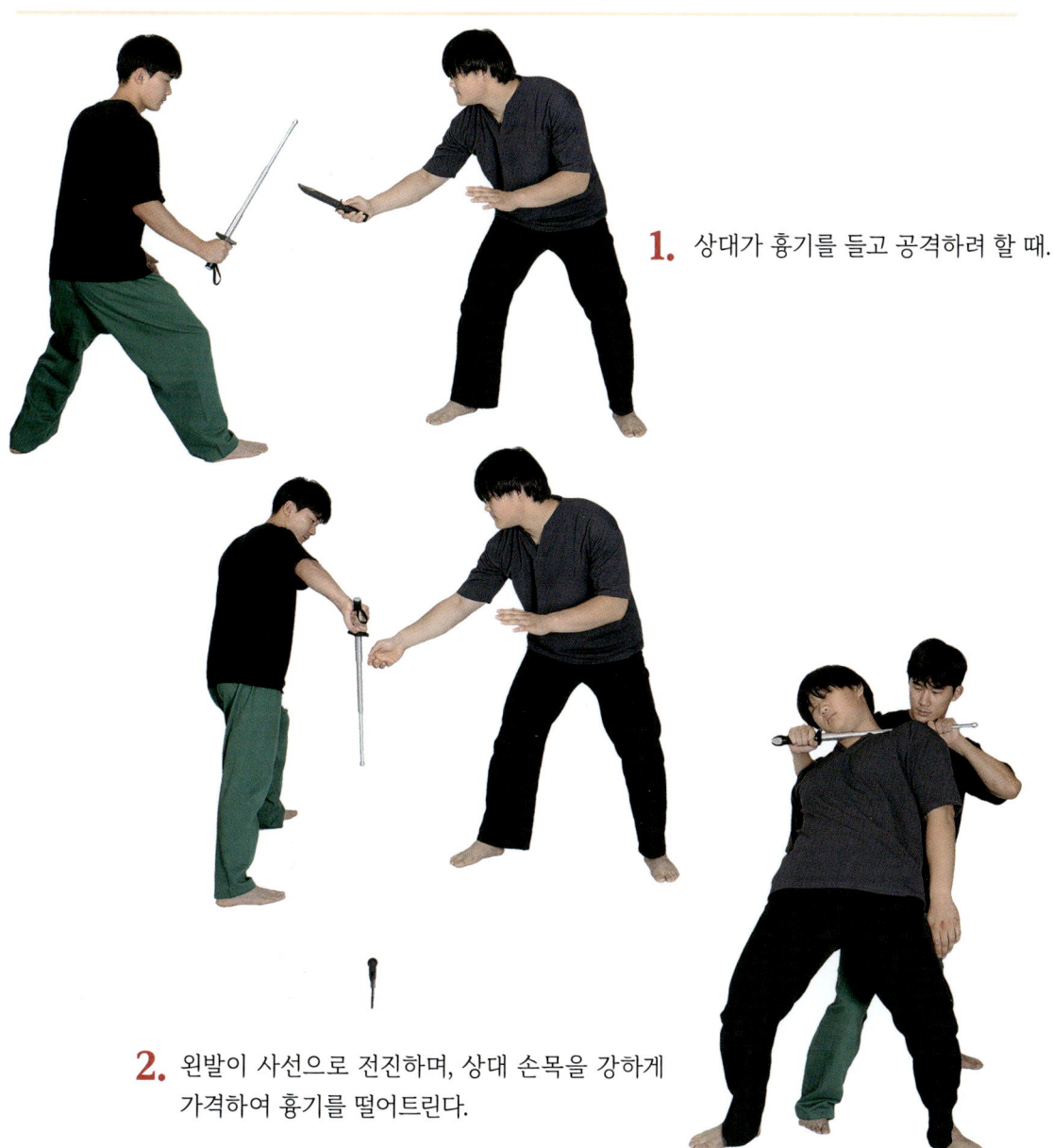

1. 상대가 흉기를 들고 공격하려 할 때.

2. 왼발이 사선으로 전진하며, 상대 손목을 강하게 가격하여 흉기를 떨어뜨린다.

3. 상대 등 뒤로 가 삼단봉으로 경동맥을 압박한다.

흉기로 복부를 공격 시

1. 상대가 흉기를 들고 공격하려 할 때.

2. 오른발이 나가며, 상대 손목을 강하게 쳐 흉기를 떨어트린다.

section 12. 무기로 공격할 때 제압술

3. 삼단봉을 상대 어깨 죽지에 건다.

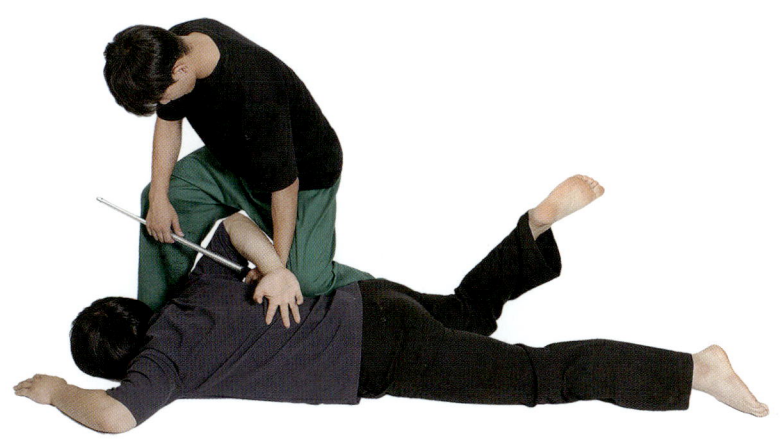

4. 오른발이 등 뒤로 돌아 앉으며, 상대를 당겨 바닥에 배를 깔게하여 제압한다.

칼 뺏기

* 여기서 칼이란 한쪽 면에 날이 있는 도를 의미 함.

1. 상대가 칼을 들고 위에서 아래로 공격하려 할 때.

2. 오른발이 나가면서 양손으로 상대 손목을 잡는다.

section 12. 무기로 공격할 때 제압술

3. 양손으로 상대 손목을 바깥쪽으로 돌려 아래로 내린다.

4. 오른손으로 칼등을 잡아 칼 날쪽으로 밀어 뺀다.

칼 뺏기

1. 상대가 칼을 들고 앞에서 전면으로 복부를 공격하려 할 때.

2. 상대손목을 엇걸어 막는다.

3. 바깥쪽으로 돌려, 칼 등을 잡고 칼날쪽으로 밀어 뺀다.

section 13.
무도기술 기본기

경찰, 청원경찰, 교도관 등은 무관으로서 채용 시 무도 가점이 인정된다. 이는 상대를 제압하는 과정에서 매우 필요한 동작들이기 때문이다. 이러한 동작들의 기본기를 실전체포 호신술의 바탕이 된 기술들을 말한다.

상대가 손목 잡았을 때, 바깥 꺾기

1. 상대가 왼손으로 바깥 손목을 잡았을 때.

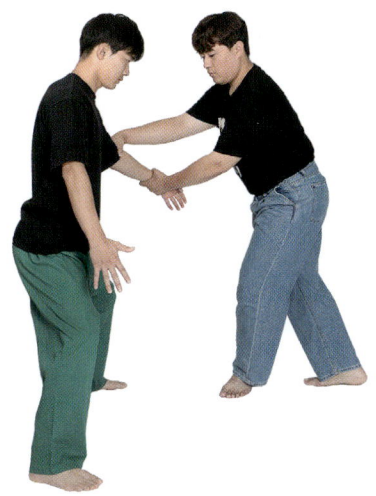

2. 왼손으로 상대 손목을 잡고, 오른손으로 상대 팔굽을 잡는다.

3. 오른발이 앞으로 나가며, 왼발이 등 뒤로 돌아 상대의 중심을 뒤로 넘어트린다.

4. 상대팔을 어깨 밑으로 넣어 무릎으로 누른다.

상대가 손목 잡았을 때 손목 비틀기

1. 상대가 왼손으로 바깥 손목을 잡았을 때.

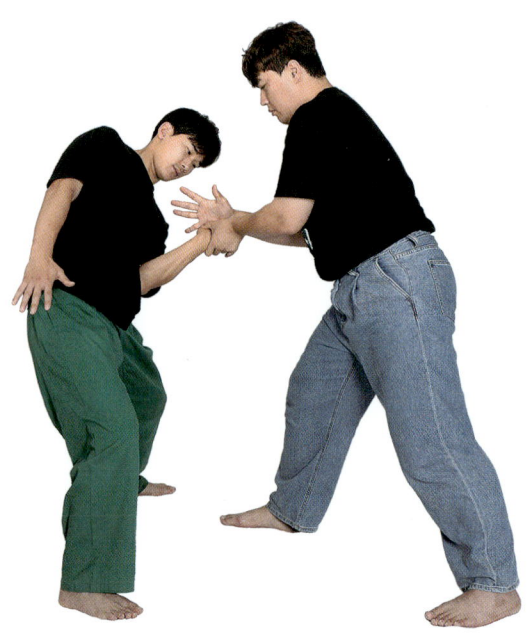

2. 잡힌 손목을 위로 올리고, 왼손으로 상대 손목을 받쳐 잡는다.

3. 상대 손목을 등 뒤로 눌러 상대를 넘어트려 팔을 어깨 밑으로 넣어 누른다.

상대가 손목 잡았을 때 안돌아 꺾기

1. 상대가 왼손으로 바깥 손목을 잡았을 때.

2. 왼손으로 상대 손목을 잡고, 오른손으로 상대 팔굽을 잡으며 오른발이 안으로 들어간다.

3. 몸을 왼쪽으로 돌려 상대 중심을 뒤로 무너트린다.

4. 상대를 넘어트려 팔을 어깨 밑으로 넣어 무릎으로 눌러 제압한다.

상대가 손목 잡았을 때 손목 꺾기

1. 상대가 왼손으로 바깥 손목을 잡았을 때.

2. 오른발이 나가며, 잡힌 손의 엄지를 바깥쪽으로 뺀다.

3. 왼손은 상대 팔굽을 안쪽으로 잡고, 왼손은 상대 왼손목을 뒤쪽으로 잡고, 왼발이 등 뒤로 180도 돈다.

4. 상대 팔꿈치가 오른 팔굽 안쪽으로 놓고, 상대 손목을 두 손으로 잡고 아래로 누른다.

상대가 손목 잡았을 때 손날 세워서 비틀기

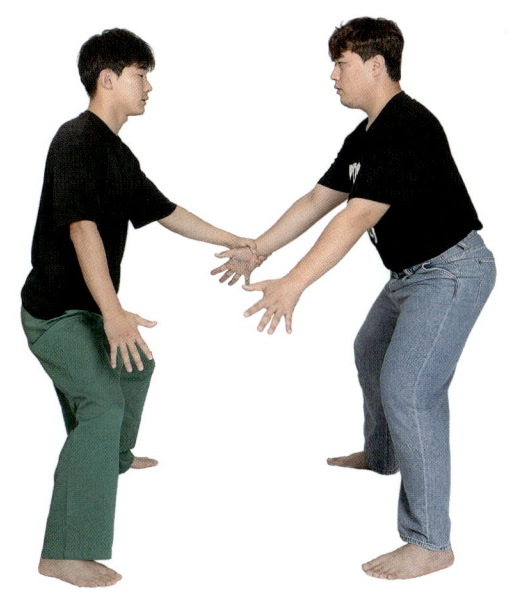

1. 상대가 왼손으로 바깥 손목을 잡았을 때.

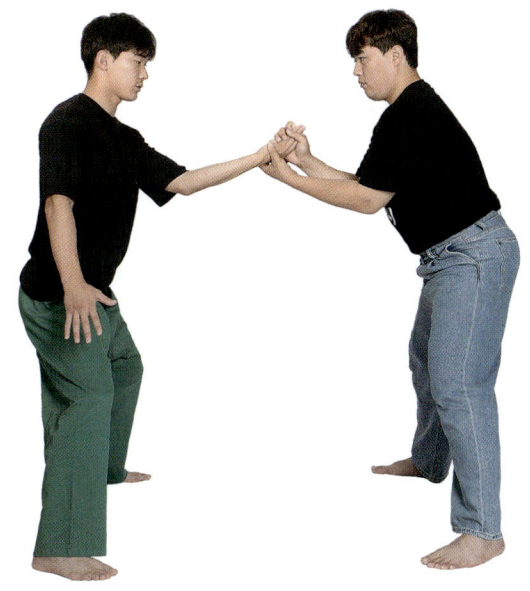

2. 잡힌 오른손을 안으로 들어 올리며, 왼손으로 상대 손날을 바깥쪽으로 틀어 잡는다.

3. 상대 손날을 바깥쪽으로 비틀어 등 뒤로 넘어트린다.

4. 상대 팔을 어깨 밑으로 넣어 무릎으로 눌러 제압한다.

상대가 주먹으로 얼굴 공격 시 안 돌아 꺾기

1. 상대가 주먹으로 얼굴을 향해 공격하려 할 때.

2. 상대가 공격하면 왼발이 나가며, 왼손으로 안에서 바깥으로 밀어내며 낚아 잡는다.

3. 오른발, 왼발이 안쪽으로 나가며 안으로 돌아 앉아 상대를 넘어트린다.

4. 무릎으로 상대 팔을 눌러 제압한다.

주먹으로 얼굴 공격 시 손바닥 뒤집어 꺾기

1. 상대가 주먹으로 얼굴을 향해 공격하려 할 때.

2. 엇걸어 막아 내린다.

section 13. 무도기술 기본기

3. 상대 손등이 위로 올라가게 비틀어 누른다.

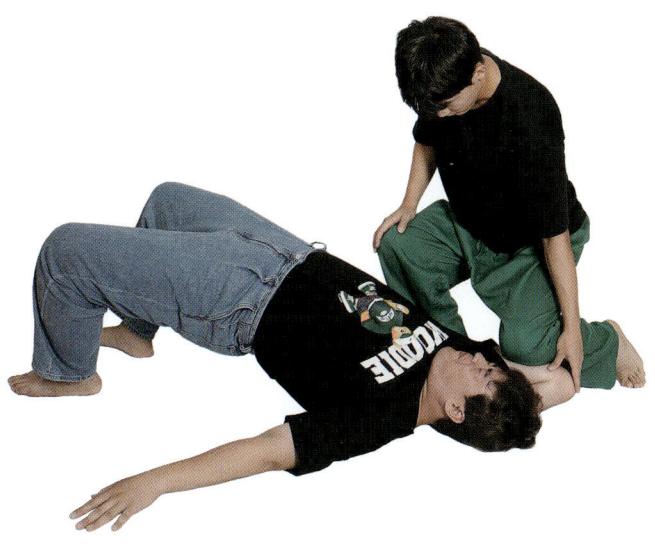

4. 상대를 넘어트려 팔굽을 말아 어깨 밑으로 넣어 무릎으로 눌러 제압한다.

주먹으로 얼굴 공격 시 바깥다리 걸어 메치기

1. 상대가 주먹으로 얼굴을 향해 공격하려 할 때.

2. 상대가 오른 주먹으로 얼굴을 공격 시 왼발이 앞으로 나가며, 왼손으로 올려 막는다.

3. 오른손으로 상대 어깨를 밀고, 오른다리는 상대다리를 걸어 넘어트린다.

4. 넘어트린 후 누르기나, 관절기로 제압한다.

의복수 : 상대가 소매끝을 잡았을 때(팔굽눌러 꺾기)

* 의복수란 상대가 옷의 어느 부분을 잡고 끌거나 당길 때 상대를 제압하는 기술을 의미한다.

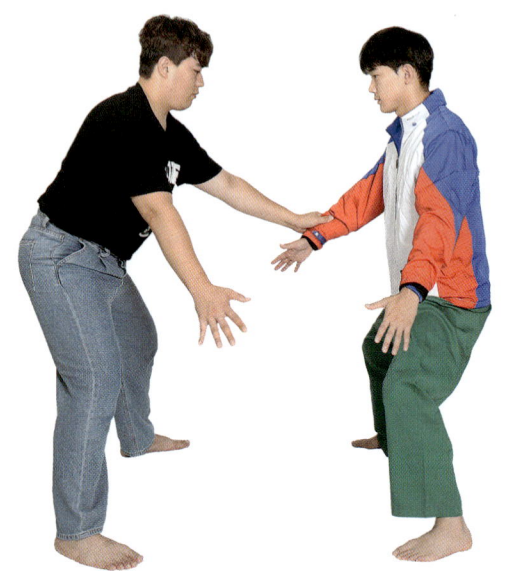

1. 상대가 왼손으로 바깥 손목 소매를 잡았을 때.

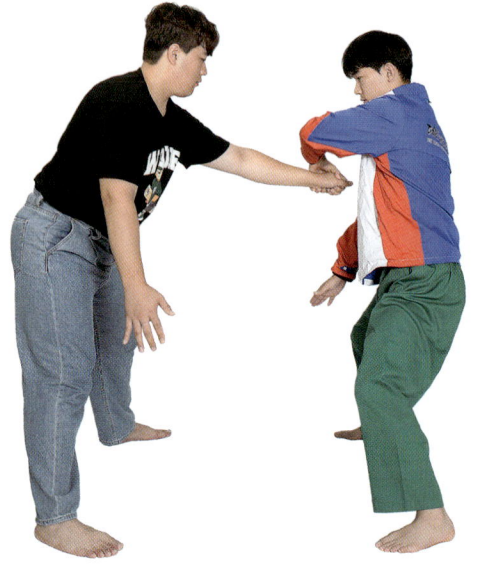

2. 왼손으로 상대 손등(합곡혈)을 잡고, 오른손은 아래로 뿌리쳐 빼낸다.

3. 오른손으로 상대팔굽에 갔다 댄다.

4. 오른발이 앞으로 나가며, 오른 손으로 상대 팔굽을 아래로 눌러 꺾는다.

의복수 : 중소매 잡았을 때(손목날 세워 꺾기)

1. 상대가 왼손으로 팔꿈치나 그 위쪽을 잡았을 때.

2. 왼손으로 상대 손날을 잡아 안으로 틀어 손날이 하늘 방향으로 가게 만든다.

3. 오른팔로 상대 손목을 수직으로 눌러 꺾는다.

4. 자세를 낮추어 상대를 바닥에 깔게 하여 저항을 못하게 제압한다.

의복수 : 어깨 잡았을 때 (손목날 세워 꺾기)

1. 상대가 왼손으로 어깨를 잡았을 때.

2. 왼손으로 상대 손날을 잡아 안으로 틀어 손날이 하늘 방향으로 가게 만든다.

3. 오른팔굽으로 상대 손목을 수직으로 눌러 꺾는다.

4. 자세를 낮추어 상대를 바닥에 깔게 하여 저항을 못하게 제압한다.

의복수 : 겨드랑이 잡았을 때(바깥다리 걸어 메치기)

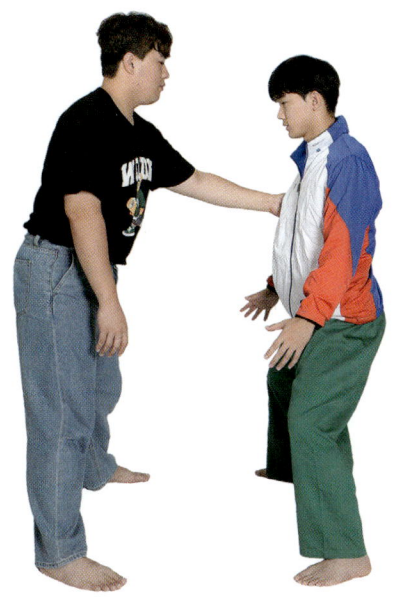

1. 상대가 왼손으로 겨드랑이를 잡았을 때.

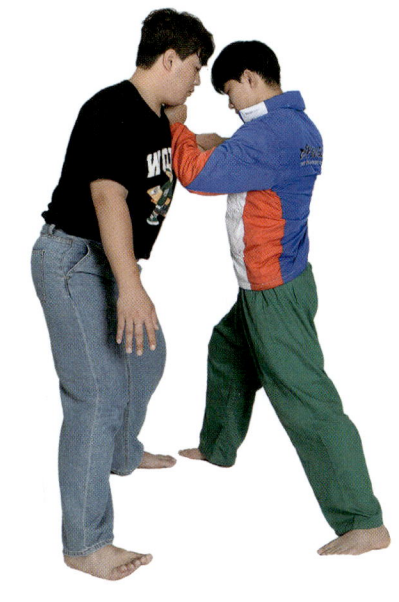

2. 오른발이 앞으로 나가며, 왼손으로 상대 어깨를 밀며 중심을 뒤로 무너트린다.

3. 왼다리로 상대 다리를 건다.

4. 상대를 넘어트린다.

양손으로 한손목 잡았을 때(손날 비틀어 꺾기)

1. 상대가 양손으로 한손목 잡고 위협적일 때.

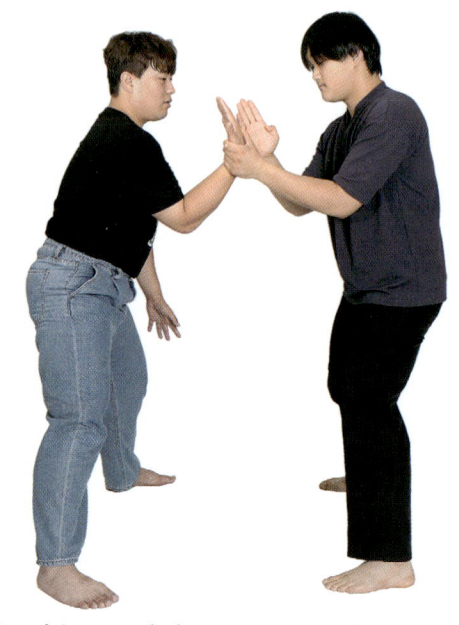

2. 왼손으로 상대 오른 손목을 잡고, 잡힌 손은 위로 들어 올려 뺀다.

3. 오른발이 들어가며 상대손목을 비틀어 누른다.

4. 상대 손목을 비틀어 넘어트려 제압한다.

상대가 안손목(엇잡은 상태)을 잡았을 때(안돌아 꺾기)

1. 상대가 안손목 잡았을 때.

2. 왼손으로 상대 팔굽을 잡는다.

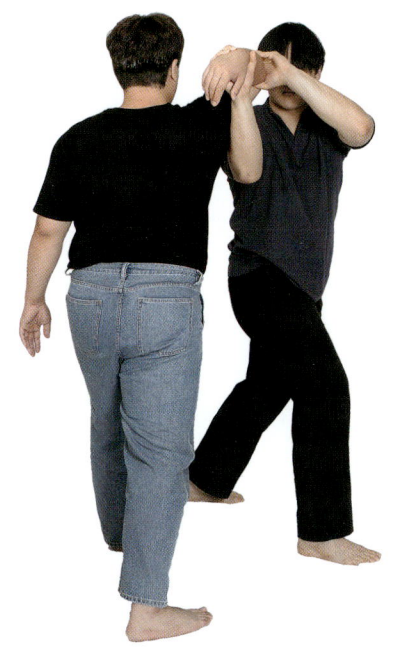

3. 왼발이 안으로 돌아 선다.

4. 상대 손목을 아랫 방향으로 당겨 넘어뜨려 제압한다.

상대가 안손목을 잡았을 때 (등 뒤로 돌아 꺾기)

1. 상대가 안손목 잡았을 때.

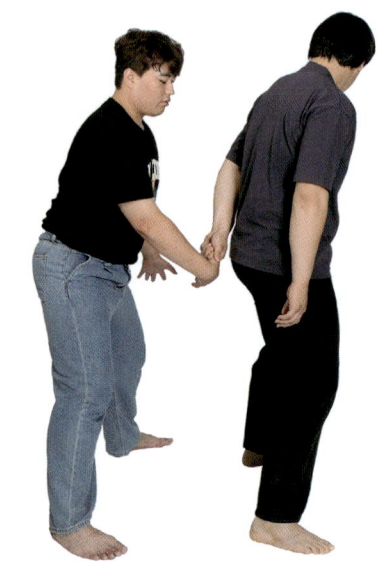

2. 등 뒤로 돌아 상대손등을 잡는다.

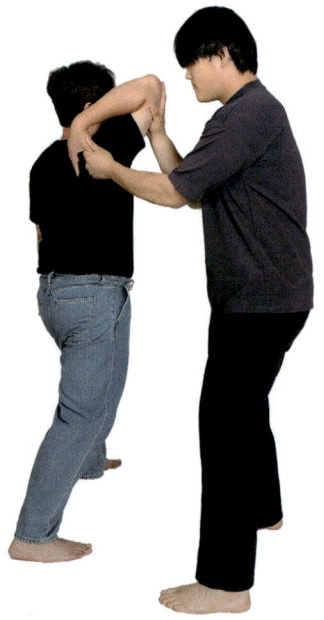

3. 왼손은 당기고, 오른손은 상대 팔굽을 민다.

4. 상대를 넘어뜨려 제압한다.

뒤에서 양손 잡았을 때

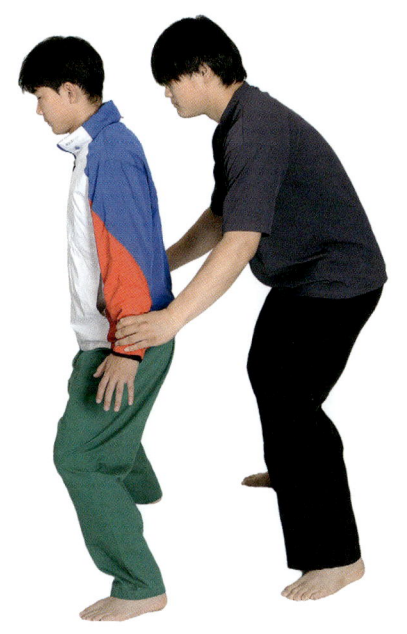

1. 양손으로 양손목 뒤에서 잡았을 때.

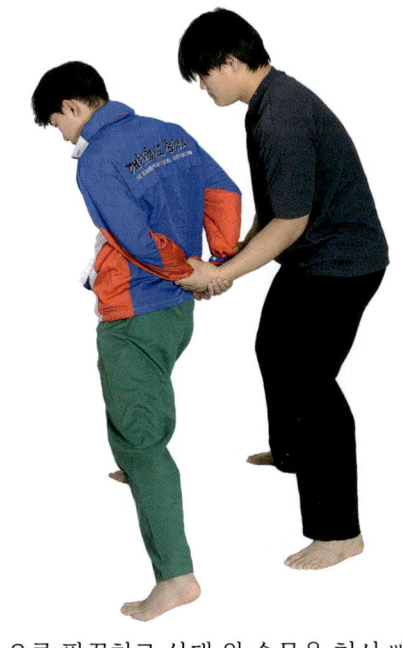

2. 오른 팔꿈치로 상대 왼 손목을 쳐서 뺀다.

3. 뒤로 돌아 상대 왼손목을 뒤로 눌러 넘어트린다.

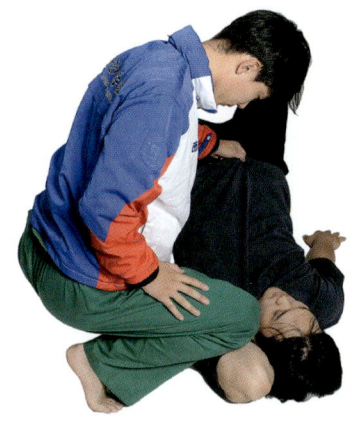

4. 팔을 어깨 밑에 넣고, 무릎으로 눌러 제압한다.

뒤에서 양손 소매 잡았을 때

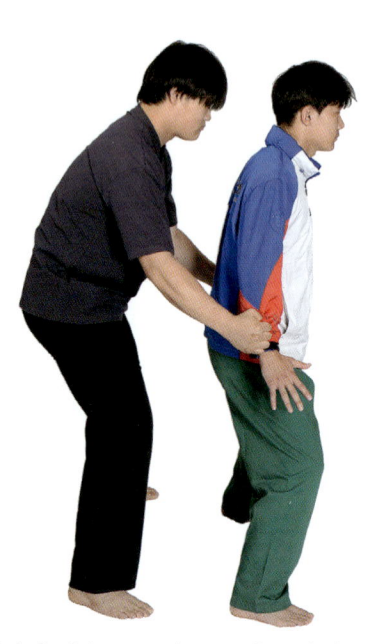

1. 뒤에서 양손으로 양쪽 소매를 잡았을 때.

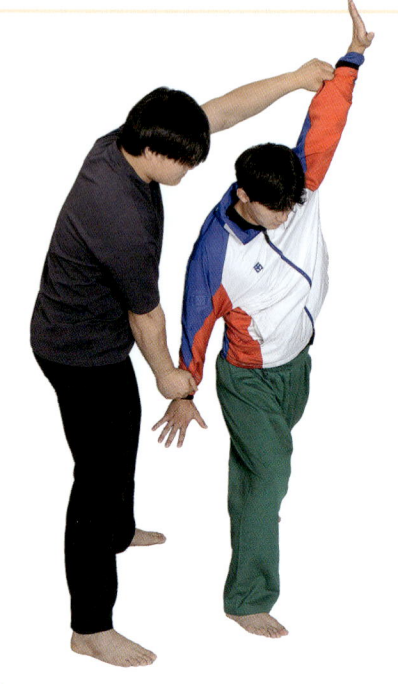

2. 양팔을 펴고, 오른쪽으로 몸을 튼다.

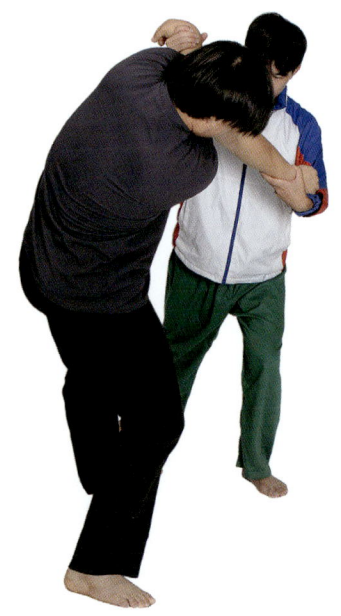

3. 상대 양팔을 교차시켜 밀친다.

4. 상대를 넘어뜨려 제압한다.

뒤에서 양팔로 팔위로 안았을 때

1. 뒤에서 양팔로 팔위로 안았을 때.

2. 양손으로 상대 양팔위를 잡고, 오른무릎을 꿇어 한무릎 업어메치기 자세를 취한다.

3. 상체를 숙이며 앞으로 메친다.

4. 상대 팔굽을 강하게 눌러 제압한다.

방검술 : 칼로 복부를 공격 시 (엇걸어 막고 손목 비틀기)

* 방검술이란 상대가 칼을 들어 공격 시 제압하는 기술을 의미한다.

1. 상대가 칼을 들어 복부를 공격하려 할 시.

2. 엇걸어 막는다.

section 13. 무도기술 기본기

3. 상대손목을 비틀어 꺾는다.

4. 상대를 넘어트려 제압한다.

방검술 : 얼굴 찌를 때(엇걸어 막고 안으로 돌아 찌르기)

1. 상대가 칼로 얼굴을 공격 시.

2. 왼발 앞으로 나가며, 엇걸어 막는다.

section 13. 무도기술 기본기

3. 뒤로 돌아 앞으로 넘어트린다.

4. 칼을 뺏고, 무릎으로 등을 눌러 제압한다.

방검술 : 얼굴 찌를 때(엇걸어 막고 팔굽눌러 꺾기)

1. 상대가 칼로 얼굴을 공격 시.

2. 엇걸어 양손으로 막는다.

section 13. 무도기술 기본기

3. 상대 팔굽을 누른다.

4. 상대를 앞으로 넘어트린다.

포박술 : 상대가 얼굴 공격 시

* 포박술이란 띠 또는 끈을 이용하여 상대 신체 활동의 자유를 억압하는 기술이다.

1. 상대가 주먹으로 얼굴을 공격 하려 할 때.

2. 띠를 이용하여 막고 재빠르게 상대 팔을 감는다.

section 13. 무도기술 기본기

3. 안돌아 꺾는다.

4. 상대팔굽을 무릎에 대고 꺾어 제압한다.

포박술 : 얼굴 공격 시

1. 상대가 주먹으로 얼굴을 공격 하려 할 때.

2. 밖에서 안으로 쳐내 막는다.

section 13. 무도기술 기본기

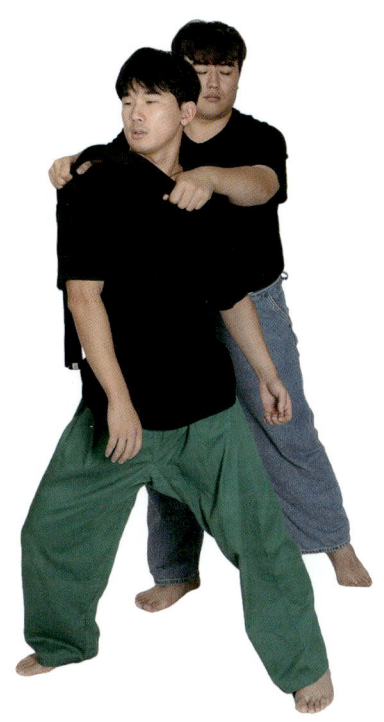

3. 상대 등 뒤로 가서 띠(끈)로 목을 감아 뒤로 당긴다.

4. 상대를 넘어트려 제압한다.

포박술 : 얼굴 공격 시

1. 상대가 주먹으로 얼굴을 공격 하려 할 때.

2. 안에서 밖으로 쳐내 막는다.

section 13. 무도기술 기본기

3. 오른발이 앞으로 나가며 뒤로 돈다.

4. 뒤로 돌며, 띠로 상대 다리를 친다.

5. 회전하는 힘으로 강하게 쳐 상대를 넘어트린다.

부채술 : 주먹으로 얼굴 공격 시

* 부채를 이용하여 상대의 시야를 가릴 수 도 있고 단봉으로 사용할 수도 있는 기술을 의미함.

1. 상대가 주먹으로 공격하려 할 때.

2. 왼손으로 막고 잡고, 오른손으로 부채(단봉)로 상대 팔꿈치 안쪽을 가격하며 돈다.

section 13. 무도기술 기본기

3. 상대를 앞으로 돌린다.

4. 상대를 돌려 넘어트려 제압한다.

부채술 : 주먹으로 얼굴 공격 시

1. 상대가 주먹으로 공격하려 할 때.

2. 왼발 나가며 양손으로 엇걸어 막는다.

section 13. 무도기술 기본기

3. 오른발 나가며 부채로 옆구리를 가격한다.

4. 왼발이 등 뒤로 돌아 앉으며, 왼손은 뒤로 당기고, 오른손 부채는 상대 오금을 걸어 넘어트린다.

5. 상대를 넘어트려 제압한다.

부채술 : 주먹으로 얼굴 공격 시

1. 상대가 주먹으로 공격하려 할 때.

2. 왼발나가며 왼손으로 상대주먹을 쳐내며 잡는다.
오른손은 부채로 상대 팔굽안쪽을 가격한다.

section 13. 무도기술 기본기

3. 오른팔을 뻗는다.

4. 부채를 편다.

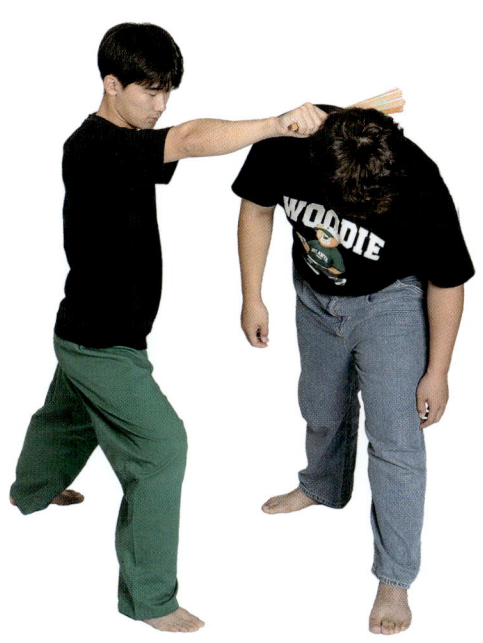

5. 부채를 접으며 강하게 목덜미를 민다.

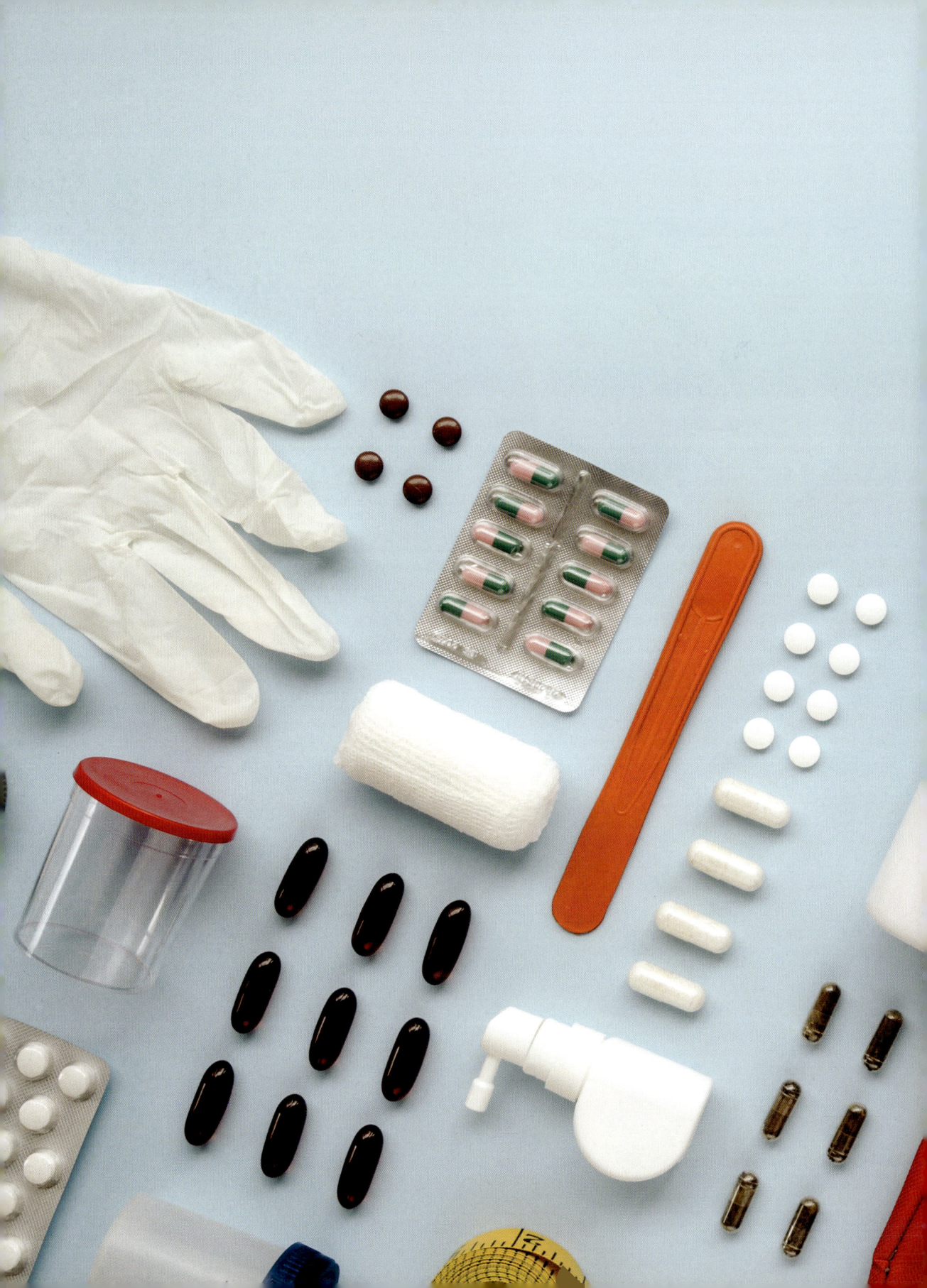

부록

응급상황

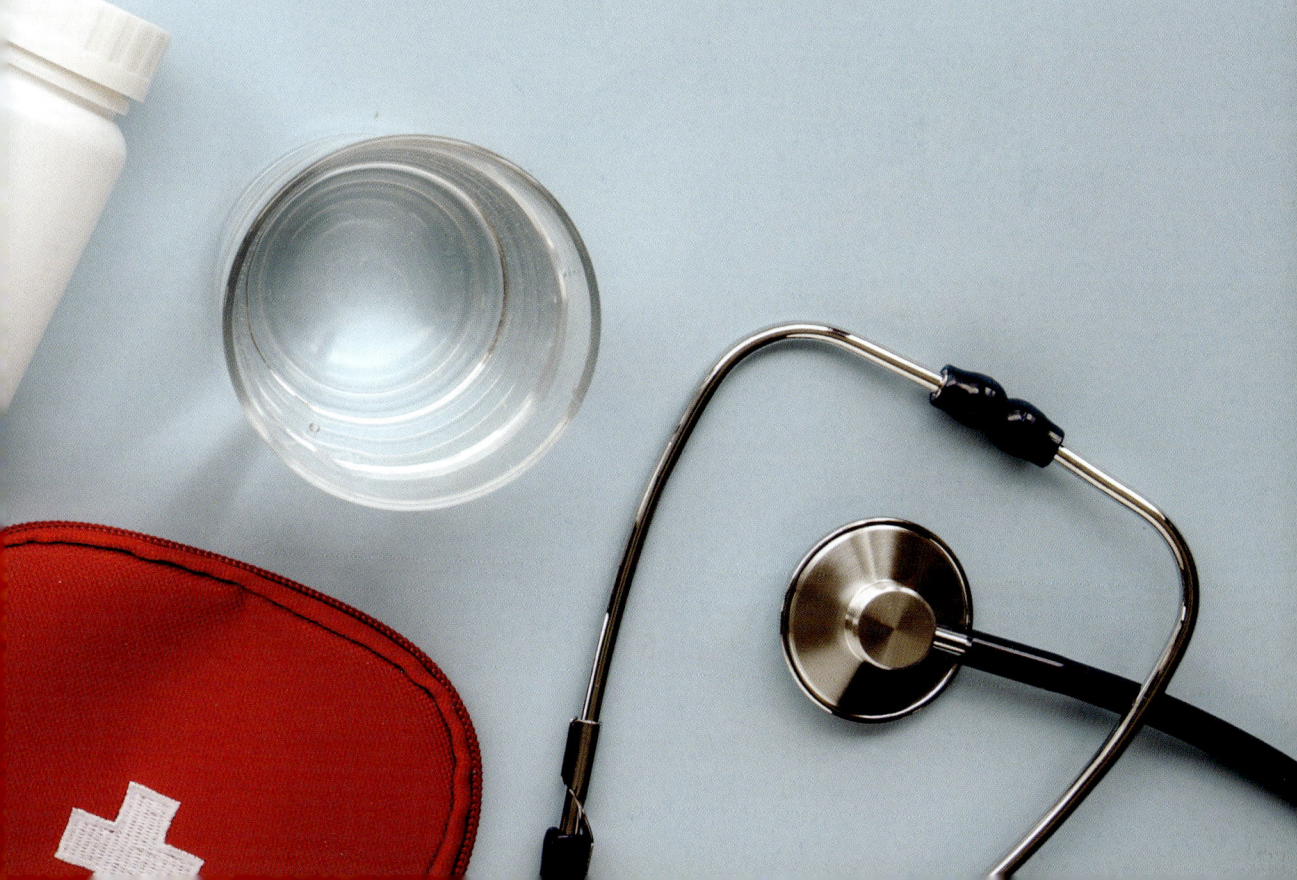

section 1.

심정지와 심장발작

심정지는 '전기적'인 문제인 경우는 심장이 정상적으로 작동하지 않으며 불시에 심장박동이 멈출 수 있다. 불규칙적인 부정맥을 유발하는 심장의 전기적 오작동에 의해 발생하며, 심장박동이 마비되면 심장과 폐, 다른 장기기관 조직에 혈액 공급이 되지 않는다.

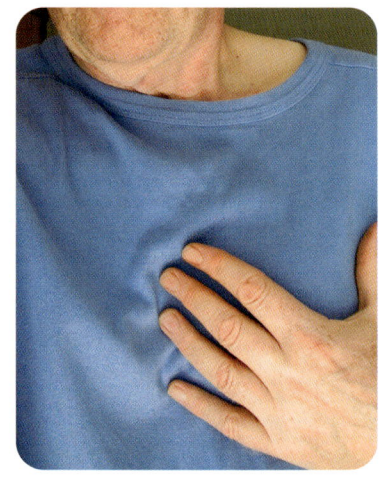

심정지가 발생한 환자는 반응이 없거나 숨을 쉬지 않거나 헐떡거리는 양상의 심정지 호흡만 유지한 상태일 수 있다. 심정지 환자는 즉시 치료를 받지 않는다면 수 분 내에 사망할 수 있다.

심장발작은 혈액순환적 문제로 심장으로의 혈액공급이 차단될 때 발생한다. 혈류가 차단된 관상동맥은 해당 동맥이 혈류를 공급하는 심장근육에 산소를 공급할 수 없게 되어 심장근육이 제 기능을 하지 못하여 심장발작이 생겨나는 것이다.

심장발작의 증상으로 호흡곤란, 식은 땀, 차가움 등의 증상이 나타날 수 있다. 이러한 증상들은 느리게 발현될 수도 있으며, 심장마비가 오기 불과 몇 주 전에 몇 시간씩 계속되기도 한다.

심정지와 다르게 심장발작의 증상이 나타났다고 하여 심장박동이 멈추는 것은 아니다. 그러나 심장발작 환자는 치료를 반드시 받아야 하며, 받지 않을 시 증상이 악화되어 심할 경우 사망에 이룰 수 있습니다.

성인 심폐소생술

환자를 발견하여 반응이 없다고 판단되면 심정지 상황이라고 생각하고 주변사람들에게 도움을 요청한다. 즉시 "흰색 모자 쓰신 분 119에 신고해주세요. 빨간 모자 쓰신 분 심장충격기(AED) 가져 오세요" 하고, 즉시 심폐소생술을 실시한다.

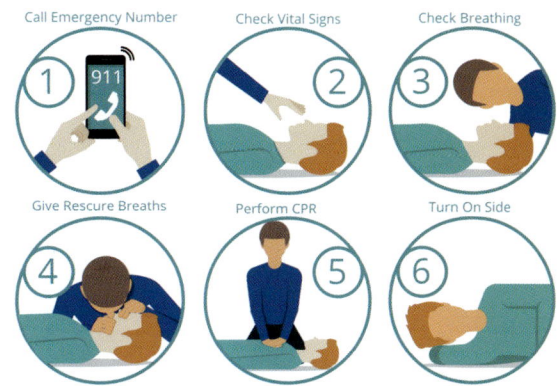

가슴압박은 영아 4cm, 소아 4~5cm, 성인 약 5cm이며, 가슴압박 속도는 분당 100~120회이다. 가슴압박 위치는 ① 유두와 유두사이 중앙이며, ② 명치 끝에서 두 마디 위, ③ 가슴뼈(흉골) 절반 부위 아래쪽이다. 가슴압박과 인공호흡의 비율은 30:2로 한다. 가슴압박 후 충분히 이완되어야 하고, 가슴압박 중단을 최소화하여야 하기에 상의는 미리 벗기고 벗긴 옷으로 덮어놓고 가슴압박을 하다가 심장충격기가 오면 바로 옷을 치우고 패드를 붙이고 가슴압박을 계속한다. ④ 심장충격기에 안내 멘트가 나오면 멘트에 따라서 제세동하면 된다.

① 환자발견 : 현장의 안전을 확인 한 후 쓰러진 사람의 반응을 확인한다. 환자의 어깨를 두드리며 "괜찮으세요"라고 소리쳐 의식을 확인하여, 의식이 있다면 동의를 구하고, 의식이 없으면 호흡이나 혈액순환에 문제가 있을 가능성이 높다.

② 빨리 119에 신고하고, 주변의 도움 받을 사람을 불러 거기 "빨간모자 쓰신 선생님 심장충격기(AED)를 가져오세요!"라고 큰 소리로 부탁한다.

③ 환자의 얼굴과 가슴을 눈으로 10초 이내에 확인하여 의식이 없거나 호흡이 없거나 호흡이 헐떡이는 숨(심정지 호흡)만 간신히 쉬고 있는 상태라면 심폐소생술을 실시한다.

④ 가슴압박은 분당 100~120회 속도로 5cm 깊이로 30번 한다.

⑤ 기도개방(머리 젖히고, 턱 들어 올리기 방법을 사용하여 기도 개방)을 하고 구강대 구강 인공호흡을 구조자는 평상시 호흡과 같은 양을 들이 쉰 후에 환자의 입을 통하여 1초에 걸쳐서 숨을 불어 넣는다. 불어넣을 때에는 눈으로 환자의 가슴이 부풀어 오르는지 확인다. 이렇게 2회 불어 넣기를 실시하고 곧 바로 가슴압박을 30회를 30:2로 반복 실시한다.

⑥ 심장충격기가 오면 먼저 전원을 켠다. 커넥터를 꽂으면 자동 충격기에서 나오는 안내에 따라 '패드붙이기→심장리듬 분석하기→자동심장충격기 충전→심장충격'의 과정으로 진행된다. 패드는 포장지에 그려져 있는 대로

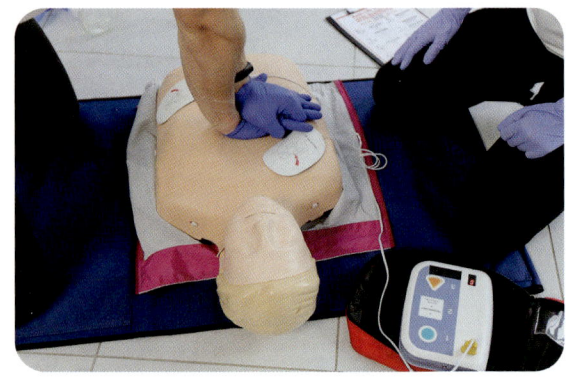

환자의 오른쪽 빗장뼈(쇄골) 아래에 부착하고, 다른 하나는 왼쪽 젖꼭지 아래의 중간 겨드랑이선에 부착한다. 패드부착 부위에 땀이나 물, 털 등이 있으면 제거하고 붙인다. 자동심장충격기가 심정지 환자의 심장리듬을 자동으로 분석하는 동안에는 구조자, 목격자, 보호자분들이 환자에게서 접촉하지 않도록 한다. 심장리듬의 분석이 끝나면 자동충격기가 제세동(심장충격)이 필요한지 필요하지 않은지를 판단하여 심장충격이 필요한 경우라면 "제세동 필요 합니다."라는 음성안내에 따라 스스로 에너지를 충전할 것이다. 충전이 완료된 후 "제세동 버튼을 누르세요."라는 음성지시가 나오면, 안전을 위하여 구조자, 보호자등이 환자와 접촉하지 않은 상태에서 제세동 버튼을 눌러 심장충격을 가한다.

⑦ 제세동을 시행한 뒤에는 곧 바로 가슴압박과 인공호흡을 반복해서 환자가 깨어나거나 응급의료진이 올 때까지 심폐소생술과 심장충격을 반복한다.

⑧ 가슴압박과 인공호흡의 반복 시 임무를 교대할 때에는 가능한 가슴압박이 10초 이상 중단되지 않게 하며 여러 명의 구조자가 있다면 2분마다 돌아가면서 가슴압박을 시행하는 것이 바람직하다.

⑨ 기본소생술을 시행하고 있는 도중에 심정지 환자가 혈액순환이 회복됨으로 움직임을 보인다면 환자가 호흡과 혈액순환이 정상으로 회복되더라도 금방 의식을 회복하지 못하는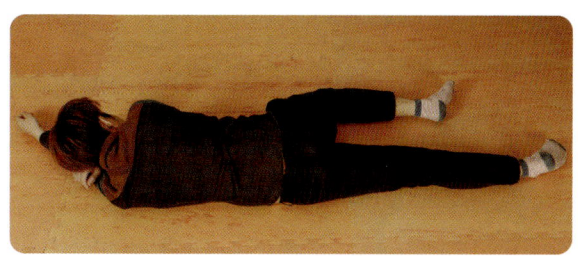

출처 : 김복현 외(2015) 응급처치 Bible, 대경북스.

경우가 많으므로 구조자는 기도 폐쇄와 흡인의 위험성을 줄이고 환자의 원활한 호흡을 위하여 한쪽 팔을 바닥에 대고 머리를 팔에 기댄 상태로 다른 쪽 팔과 다리를 구부린 채로 환자를 옆으로 돌려 눕히는 회복자세를 취해 준다.

소아의 심폐소생술

소아는 만 1~8세까지를 말하고 있으며, 성인과 달리 체격이 작아 심정지를 유발하는 원인이 다르므로 심폐소생술법의 차이가 있다.

소아심정지의 원인으로는 기도폐쇄, 호흡부전, 외상 등이 있는데 성인에서의 급성 심정지와 달리 소아의 심정지는 상당 부분 예방이 가능하다. 익사 심정지 예방법으로는 수영장 주위 울타리를 만들고, 수영할 시 구명조끼를 반드시 입도록 하여 익사를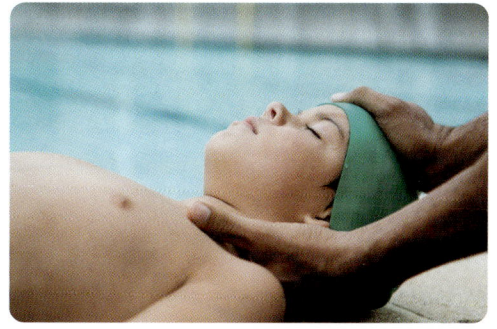

예방하면 좋고 교통사고 심정지 예방법으로는 소아용 카시티 장착 안전띠 착용을 통해 예방할 수 있다.

성인과 소아의 심폐소생술 다른 점으로는 소아는 혀와 뒤통수가 체격에 비해 상대적으로 크며, 후두와 후두덮개가 앞쪽에 위치하고 기도의 직경이 매우 작아 소아의 기도는 성인보다 기도유지가 중요하여 턱을 잡고 머리를 약간 뒤로 제쳐주어 수평이 될 수 있도록 하고 목과 어깨 부위에 수건을 놓으면 머리보호와 기도유지에 큰 도움이 된다.

소아 심폐소생술 주의점

가슴뼈의 중간 절반 아래쪽 부분에 한 손바닥 밑 쪽을 대어 팔을 곧게 편 후 손가락이 가슴에 닿지 않게 수직으로 압박하며 분당 100~120회의 속도로 30회하고 가슴압박 깊이는 4~5cm로 강하고 빠르게 한다. 소아는 호흡부전 등 질식성 심장질환이 많기 때문에 가슴압박 후 꼭 인공호흡을 병행하는 것이 좋다. 소아의 폐는 성인보다 작으므로 인공호흡에 필요한 공기의 양도 적어 1회 인공호흡량은 소아의 가슴이 충분히 부풀어 오를 때까지 유지하는 것이 좋으며 소아의 기도는 직경이 가늘기 때문에 공기흐름의 저항도 성인보다 크므로 인공호흡을 실시 할때는 낮은 압력으로 서서히 1초에 걸쳐서 불어 넣는 것이 좋다. 또한 빠른 속도나 높은 압력으로 시행하면 위의 팽창을 유발하여 구토 또는 역류를 유발하여 또 다른 기도 폐쇄가 초래될 수 있는 점 유의해야 한다.

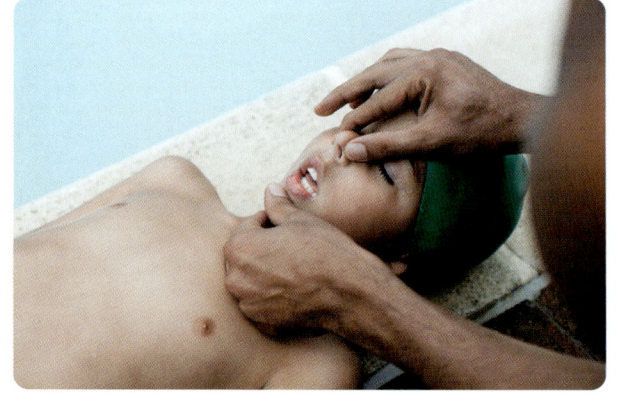

영아의 심폐소생술

영아는 보통 생후 1개월부터 만 1세까지의 어린이를 말하고 있으며, 영아의 심폐소생술은 소아의 심폐소생술과 크게 다르지 않으며 영아돌연사증후군과 호흡부전, 기도폐쇄, 패혈증, 신경학적 질환 등이 심정지의 원인이 된다. 소아와 영아의 심폐소생술의 다른 점으로는 인공호흡 시 입만 하는 것이 아니라 코와 입을 동시에 하는 것이 좋다.

영아 심폐소생술 주의점

보호자의 협조가 필요하며 의식 확인으로는 환자의 발바닥을 두드려 반응을 확인한다. 지나치게 목과 머리를 흔들면 뇌, 목뼈 손상을 악화시킬 수 있으므로 주의해야 한다.

혀와 뒤통수가 체격에 비해 상대적으로 크며, 후두와 후두덮개가 앞쪽에 위치하고 기도의 직경이 매우

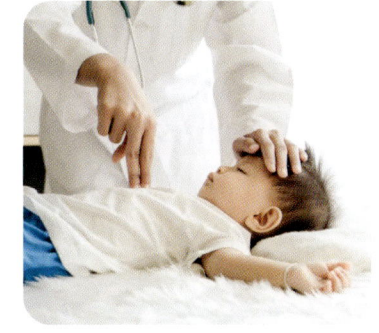

작아 영아의 기도는 성인보다 기도유지가 중요하여 목과 어깨 부위에 수건을 놓으면 머리보호와 기도유지에 큰 도움이 된다.

영아의 심폐소생술에서 가장 중요한 부분은 가슴압박이므로 유두 가슴선 약간 아래쪽 부분(명치약간 위 딱딱한 부분)에 두 손가락으로 압박하며 영아는 성인보다 심박수가 약간 빠르므로 분당 120회의 속도로 30회하며 가슴압박 깊이는 4cm로 강하고 빠르게 한다. 영아의 간과 비장은 성인보다 크고 직하부에 위치하므로 부적절한 가슴압박은 간과 비장을 손상시킬 수 있으므로 주위 해야 한다. 영아는 돌연사증후군, 호흡부전, 기도폐쇄, 신경학적 질환, 폐혈증으로 심정지가 올 확률이 높다. 영아의 경우 심장의 문제가 생겨 심장과 호흡이 멈추는 것이 아니라 숨을 제대로 쉴 수 없어 심정지 상태가 발생하는 경우가 있으므로 주위해야 한다.

section 2.

기도폐쇄

인간의 몸은 호흡을 통하여 지속적으로 산소를 공급해주어야 살 수 있다. 이러한 호흡은 코와 입을 통해 외부의 공기가 흉곽 안의 폐로 전달되어 가스교환이 이루어지는 과정을 말하며, 코와 입에서 폐로 공기가 전달되는 통로를 기도라 부른다. 기도폐쇄란 모든음식 특히 떡, 초콜릿, 사탕, 땅콩, 포도 등 작은 음식이나 장난감 같은 이물질이 기도를 부분적 또는 완전히 막아 호흡을 방해하는 상태를 말한다.

이러한 기도폐쇄는 치아가 없는 노인, 의식이 저하된 환자, 소아에서 흔히 발생하며, 음식을 먹을 때 웃거나 이야기하는 경우에도 발생 될 수 있다.

완전 기도폐쇄가 의심되는 환자를 발견하면 대화를 통해 이물질을 확인한다. 만약 환자가 말이나 기침을 하지 못하고 고개만 끄덕이거나 청색증이 진행된다면 환자에게 자신이 도와줄 것을 밝히고 성인 소아의 경우 즉시 복부 밀어내기법을 실시하고 영아의 경우에는 등 두드리기 5회와 가슴압박 5회를 반복적으로 시행한다.

성인과 소아의 기도폐쇄

복부 밀어내기법

환자 뒤에 서거나 무릎을 꿇고 앉은 뒤 한손은 주먹을 쥐고 엄지손가락 방향을 환자의 상복부(명치와 배꼽 사이)에 위치시킨다.

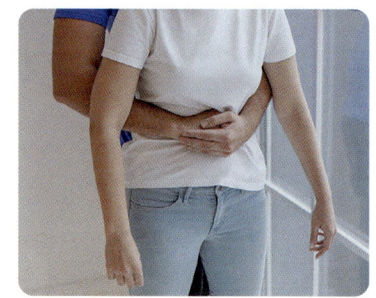

주먹 쥔 손을 다른 손으로 감싸서 양쪽 팔꿈치가 환자의 바깥쪽을 향하도록 한다.

양손으로 환자의 복부를 안쪽으로 힘껏 잡아당기면서 위쪽으로 빠르게 밀쳐 올린다. 이때 반드시 환자의 복부 중심선에 주먹이 오도록 하고 옆으로 밀쳐지지 않도록 한다. 계속적으로 반복하지 말고 한 번씩 확실하게 시행하고 그때마다 이물질이 제거되었는지 확인하여야 한다.

영아의 기도폐쇄

등 두드리기와 가슴압박 시행방법

영아의 얼굴을 위로 향하게 하여 턱을 잡고 다른 손으로 영아의 머리와 목 뒤를 받친다.

영아의 등이 위로 향하도록 영아를 뒤집어 얼굴을 아래로 향하게 한다.

영아의 머리를 영아의 가슴보다 아래로 향하게 한 채 손 뒤꿈치로 등을 5회 두드린다.

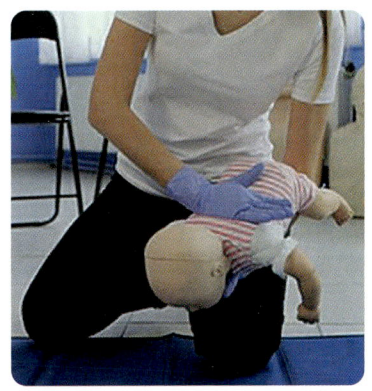

한손으로 영아의 머리와 목을 받치고 다른 손의 엄지와 다른 손으로 턱을 잡은 다음에 영아의 얼굴이 위를 향하도록 뒤집고 이물질이 나오는지 확인한다.

영아의 머리가 영아의 가슴보다 아래로 향하도록 기울인 채 영아의 가슴 중앙 직하부를 가슴두께의 4cm 깊이로 5회 압박한다.

이후에도 이물질이 제거되지 않는다면 등 두드리기와 가슴압박을 5회씩 반복적으로 실시한다.

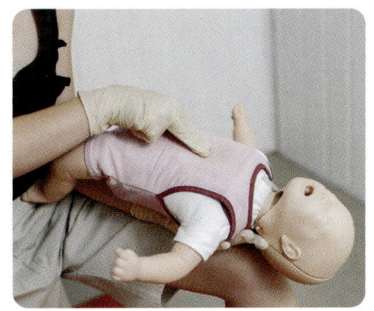

section 3.

상처

피부가 찢겨져 피가 나는 경우를 말한다. 상처를 가진 사람은 출혈과 감염의 우려가 있으므로 지혈을 해야 한다.

지혈

직접 압박

거즈나 깨끗한 천을 두껍게 접어 상처 위에 대고 직접 누르고 붕대로 단단히 감아준다. 소독되지 않는 헝겊은 상처 부위에 닿을 부분을 간이 소독한 뒤에 사용한다.

혈관압박

동맥에 손상이 있으면 상처에서 많은 피가 나온다. 출혈부위에 혈액을 공급하는 혈관을 압박함으로써 지혈하는 방법이며 직접압박과 동시에 시행해야 한다.

절단손상

신체 일부분이 절단되어 떨어졌다면 그 부분을 찾아서 무균거즈나 깨끗한 천으로 감싸서 비닐봉지에 담는다. 비닐봉지를 얼음 등으로 보존하여 환자와 함께 병원으로 이송한다. 이때 절단부위가 물이나 얼음에 직접 닿지 않도록 한다.

코의 상처(코피)

코피가 나면 고개를 뒤로 저치는 경우가 있는데 이는 코피가 기도를 막을 수 있는 위험한 행동이다.

코피가 나면 코를 막고 고개를 앞으로 숙이고 앉아 있도록 한다.

입의 상처(치아 빠짐)

치아가 빠져나가는 손상을 입었으면 드레싱을 치아공간에 넣고 꽉 물어 지혈과 함께 치아를 치아이식을 할 수 있도록 치아를 우유나 생리식염수에 넣어 병원으로 빨리 이송하여 재이식을 받는다.

골절(팔, 다리)

팔, 다리가 골절된 환자는 부목이나 삼각건으로 몸체에 고정하여 흔들리지 않게 하여 병원으로 이송한다. 특히 목, 허리 척추 중추신경에 손상이 있는 환자는 119구조원의 도움을 받아 이송하는 게 좋다.

화상

집안에서 어린아이가 라면을 끓이다가 냄비를 쏟아서 화상을 입었다면 빨리 화장실에 가서 차가운 물로 계속 뿌려서 열기를 낮추어 주어야 한다.

옷은 피부에 붙어 있으면 벗기지 말고 가위로 잘라주고, 119에 신고하여 병원으로 이송한다. 이때 119가 올 때까지 계속 열기를 식혀주어야 한다.

section 4.
응급상황별 처치

중독

 외부 물질이 체내에 들어와 이 물질에 의해 인체의 기능장애나 비정상적인 증상을 유발하는 것을 말한다.
 일반적으로 중독환자는 메스꺼움, 구토, 설사, 가슴과 복부의 통증, 호흡곤란, 땀 흘림, 발작 등의 증세를 나타낸다.

뱀에게 물렸을 때

 뱀독에는 신경계를 마비시켜 호흡곤란으로 사망하게 하는 신경독과 혈액과 혈관조직에 영양을 미치는 혈액독이 있다. 우리나라 뱀은 대부분 혈액독으로 급격하게 생명에 영향을 미치는 경우는 없다. 또한 20~30분 이내로 병원에 이송이 가능할 경우 아래와 같이 일반적인 처치만 행하여도 된다.
» 환자를 안정시키고 최대한 움직이지 않게 한다.

- » 상처 부위를 절대 절개하지 않는다.
- » 상처부위를 비눗물로 깨끗이 씻는다.
- » 물린 부위를 심장보다 낮게 한다.
- » 반지나 시계 등 부어오르면서 혈액순환을 방해할 수 있는 물건을 제거한다.
- » 물린 부위의 위쪽 즉 심장 쪽에서 가까운 신체부위를 5cm 이상의 넓은 천으로 압박하거나 약하게 묶어준다. 너무 꽉 조일 경우 피가 통하지 않아 2차적 손상을 가져올 수 있으므로 주의한다.

벌에게 쏘였을 때

핀셋이나 신용카드 등으로 밀어서 벌침이 빠지도록 한다. 쏘인 부위는 찬물로 찜질하여 통증을 완화시킨다. 벌에 쏘이는 경우에는 가을에 벌초를 하거나 등산에 갔다가 생기는 경우가 많으니 산행 시 향수, 화장품, 요란한 색의 옷은 피하는 게 좋다.

section 5.

스트레칭

스트레칭은 신체의 근육이나, 건, 인대 등을 늘여주고 관절을 이완시켜 가동성을 향상시키는 운동이다.
각 동작 별로 15~20초 정도 긴장을 유지하며 실시한다.

1. 양손을 깍지 낀 채 팔을 머리 위로 올려 손바닥이 하늘을 향하도록 쭉 편다.

2. 앞의 자세에서 어깨를 앞으로 숙이며 양팔을 최대한 내민다.

section 5. 스트레칭

3. 왼팔은 쭉 펴고 오른손으로 왼팔을 휘감고 몸 쪽으로 당겨 스트레칭한다.

4. 오른팔은 쭉 펴고 왼손으로 오른팔을 휘감고 몸 쪽으로 당겨 스트레칭한다.

5. 오른손으로 왼쪽 팔꿈치를 잡고 오른쪽으로 당긴다. 어깨와 가슴, 등이 스트레치된다.

6. 왼손으로 오른쪽 팔꿈치를 잡고 왼쪽으로 당긴다. 어깨와 가슴, 등이 스트레치된다.

부록. 응급상황

7. 왼손으로 머리를 잡고 왼쪽으로 당겨준다.

8. 오른손으로 머리를 잡고 오른쪽으로 당겨준다.

9. 양손을 합장하고 양 엄지손가락으로 턱을 위쪽으로 밀어올린다.

10. 양손을 깍지 끼고 뒤통수에 댄 채 아래쪽으로 당겨준다.

section 5. 스트레칭

11. 양손을 등 뒤에서 맞잡고 최대한 들어올린다.

12. 11의 자세에서 양 다리는 곧게 편 채, 상체를 굽히며 깍지낀 손을 최대한 위쪽으로 들어올린다.

13. 오른손을 쭉 펴서 귀 옆에 대고 왼쪽으로 상체를 최대한 굽힌다.

14. 왼손을 쭉 펴서 귀 옆에 대고 오른쪽으로 상체를 최대한 굽힌다.

15. 왼 다리를 조금 내밀고 무릎을 눌러 스트레치한다.

16. 오른 다리를 조금 내밀고 무릎을 눌러 스트레치한다.

17. 앞뒤로 양 다리를 벌리고 뒤쪽 다리를 최대한 펴고 앞다리는 굽혀 앞굽이자세로 스트레치 한다.

18. 17과 반대쪽으로 앞다리는 굽혀 앞굽이자세로 뒤쪽 다리는 최대한 펴서 스트레치 한다.

19. 왼 다리를 뒤쪽으로 접은 후 양손으로 최대한 들어올리며 스트레칭한다.

20. 오른 다리를 뒤쪽으로 접은 후 양손으로 최대한 들어올리며 스트레칭한다.

21. 오른쪽 무릎은 굽히고 왼 다리는 편 채 최대한 눌러 스트레칭한다.

22. 왼쪽 무릎은 굽히고 오른 다리는 편 채 최대한 눌러 스트레칭한다.

부록. 응급상황

23. 의자를 이용한 카프레이즈. 양손으로 의자 등받이를 잡고 양 발꿈치를 최대한 들어올렸다가 내리는 동작을 반복한다. 종아리의 근육을 단련시킨다.

24. 의자를 이용한 스쿼트. 양손으로 의자 등받이를 잡고 무릎을 굽혀 앉았다가 일어서는 동작을 반복한다. 하체를 골고루 단련시키는 운동이다.

25. 의자를 이용한 니업. 의자에 앉아 양손으로 의자를 꽉 잡고 양 다리를 쭉 펴서 앞으로 뻗은 후 무릎을 상체를 향해 최대한 들어올린다. 복근 단련에 효과적이다.

26. 의자를 이용한 팔굽혀 펴기. 양손으로 의자를 잡고 엎드린 후 양팔을 굽혀 팔굽혀 펴기를 실시한다. 어깨와 가슴근육을 골고루 단련시켜준다.

27. 체어 딥. 양손으로 의자를 잡은 후 팔꿈치를 구부렸다 폈다 팔굽혀펴기를 한다. 상완삼두근(위팔세갈래근)을 단련시키는 데 효과적이다.

NOTE

NOTE

NOTE